《企业知识产权管理规范》
审核实务与案例汇编

中规（北京）认证有限公司 ◎著

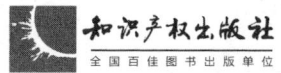
知识产权出版社
全国百佳图书出版单位

图书在版编目（CIP）数据

《企业知识产权管理规范》审核实务与案例汇编／中规（北京）认证有限公司著.
—北京：知识产权出版社，2019.4

ISBN 978－7－5130－6186－5

Ⅰ.①企… Ⅱ.①中… Ⅲ.①企业—知识产权—管理规范—案例—汇编—中国
Ⅳ.①D923.405

中国版本图书馆 CIP 数据核字（2019）第 061613 号

责任编辑：齐梓伊　唱学静　　　　　　责任校对：谷　洋
封面设计：张新勇　　　　　　　　　　责任印制：刘译文

《企业知识产权管理规范》审核实务与案例汇编

中规（北京）认证有限公司　著

出版发行：知识产权出版社有限责任公司　　　网　　址：http：//www.ipph.cn

社　　址：北京市海淀区气象路 50 号院　　　邮　　编：100081

责编电话：010－82000860 转 8112　　　　　责编邮箱：ruixue604@163.com

发行电话：010－82000860 转 8101/8102　　　发行传真：010－82000893/82005070/82000270

印　　刷：北京嘉恒彩色印刷有限责任公司　　经　　销：各大网上书店、新华书店及相关专业书店

开　　本：720mm×1000mm　1/16　　　　　印　　张：12.5

版　　次：2019 年 4 月第 1 版　　　　　　　印　　次：2019 年 4 月第 1 次印刷

字　　数：200 千字　　　　　　　　　　　　定　　价：58.00 元

ISBN 978－7－5130－6186－5

本书编委会

主　编：徐媛媛
副主编：郭　亮　邵　烨　穆　堃　马　圆

本书编写组

组　长：邵　烨
撰　写：（按章节排序）
　　　　谢正旺　戚宝德　苏　新　张恒君　夏　颖
　　　　李凌云　田恩涛　彭　娟　马建秀　杨进军
　　　　赵　婧　胡　宇　张乃强
审　稿：邵　烨　苏　新　马建秀　赵　欣
统　稿：苏　琰　李东

序 / Preface >>>

　　当今世界，知识经济深入发展，知识产权已经成为国家发展的战略性资源和国际竞争力的核心要素，知识产权制度已经成为创新驱动发展的基本保障。党的十九大报告明确要求，倡导创新文化，强化知识产权创造、保护、运用。习近平总书记多次强调，产权保护特别是知识产权保护是塑造良好营商环境的重要方面，加强知识产权保护是完善产权保护制度最重要的内容，也是提高中国经济竞争力最大的激励。企业是市场经济主体，是推动知识产权强国建设、创新型国家建设的主力之一。建立健全现代产权制度是形成现代企业制度的基础，企业是知识产权制度运用的重要主体，提升企业知识产权管理水平、提高企业知识产权保护和知识产权运用能力，是深入实施国家知识产权战略、加快建设知识产权强国的重要方面。应当说，具有一批娴熟运用知识产权制度、运用知识产权形成竞争优势的企业，是知识产权强国的重要标志之一。国务院印发的《关于新形势下加快知识产权强国建设的若干意见》明确要求，强化企业创新主体地位和主导作用，促进创新要素合理流动和高效配置。国务院印发的《"十三五"国家知识产权保护和运用规划》提出，提升企业知识产权综合能力，推行企业知识产权管理国家标准，在生产经营、科技创新中加强知识产权全过程管理。可以说，党中央、国务院高度重视提高企业知识产权水平相关工作，通过多种政策综合施策引导提升企业知识产权管理水平。

　　目前，随着国家知识产权战略的深入实施，企业知识产权意识不断提高，企业知识产权运用能力和知识产权保护水平大幅提升，形成了一批具有国际竞争力的知识产权优势企业。同时，我们也需要清醒地看到，企业知识产权管理水平依然是知识产权强国建设的重要短板之一，有效的战略布局和规范化的知识产权管理依然是国内企业面临的难题。为此，2013 年，国家知识产权局会同国家质量监督检验检疫总局、国家标准化管理委员会等制定颁布

《企业知识产权管理规范》（GB/T 29490—2013），该管理规范提供基于过程方法的企业知识产权管理模型，指导企业策划、实施、检查、改进知识产权管理体系，旨在引导广大企业各项知识产权管理活动有章可循、有据可依，加快提升企业知识产权管理能力，具有很强的现实指导意义。

中规（北京）认证有限公司作为国内首批成立的第三方专业认证机构，专业从事知识产权管理体系（IPMS）第三方认证，是国内首批由国家认证认可、监督管理委员会批准、经国家登记主管机关依法登记注册的高端服务机构，其依托中华全国专利代理人协会深厚的行业背景与资源，通过专业的知识产权增值审核服务，提升企业、高校、科研院所、服务机构等创新相关主体的知识产权管理能力。截至目前，中规（北京）认证有限公司已经完成贯标认证近万家企业，取得了比较显著的成果，积累了丰富的认证经验。

中规（北京）认证有限公司在四年认证实践的基础上，总结经验，高度凝练，遂成此书。在我看来，本书具有三个特点：一是兼具理论性和实操性，本书全面介绍了《企业知识产权管理规范》的内容，分析了企业知识产权管理的理论基础，结合近百个精选案例对《企业知识产权管理规范》进行了详细的条文解读，并提炼了审核要点。二是兼具系统性和重点性，本书系统阐述了《企业知识产权管理规范》的编制背景、基本架构和适用范围，结合具体案例对《企业知识产权管理规范》的重点内容进行阐释。三是兼具战略性和现实性，本书立足《企业知识产权管理规范》，对读者把握《企业知识产权管理规范》的含义具有重要帮助，同时对企业知识产权管理提出了具有战略性的意见建议，对企业全面提升知识产权创造、运用、保护、管理能力具有现实指导意义。

希望本书的出版能够为广大读者提供有益的参考信息，也希望藉此进一步普及企业知识产权管理理念，全方位提升我国企业知识产权创造、运用、保护、管理和服务能力，为知识产权强国建设提供强有力的支撑，积极推动我国创新发展。

杨梧

中华全国专利代理人协会会长
中规（北京）认证有限公司董事长
2019 年 1 月

目 录 / Contents >>>

1

引　言

1.1　企业知识产权管理

知识经济时代，在竞争异常激烈的国际经济形势下，无论是国家之间的实力较量还是企业之间的市场角力，本质上都是知识的比拼。2001 年 12 月 11 日，中国正式加入世界贸易组织（WTO），国内企业面临的机遇与挑战并存。一方面，在 WTO 框架下有利于企业扩大出口和利用外资，促进技术进步和产业升级；另一方面，中国对世界承诺全面实施《与贸易有关的知识产权协定》（以下简称《TRIPS 协定》），国内企业建立知识产权制度、有效管理知识产权的需求更加迫切。2008 年 6 月 5 日，国务院印发了《国家知识产权战略纲要》，标志着运用知识产权制度促进经济社会发展已上升至国家战略层面，知识产权在企业乃至国家的经济、科技文化发展中的地位进一步提高。2016 年 12 月 30 日，国务院印发《"十三五"国家知识产权保护和运用规划》，强调了"十三五"时期是我国由知识产权大国向知识产权强国迈进的战略机遇期，明确了"十三五"时期国家知识产权保护和运用工作的指导思想、基本原则和发展目标。2017 年 3 月，全国"两会"的政府工作报告进一步做出了"要深入实施创新驱动发展战略，推动实体经济优化结构，不断提高质量、效益和竞争力""开展知识产权综合管理改革试点，完善知识产权创造、保护和运用体系"的重要部署。在科技发展日新月异、市场环境瞬息万变的今天，知识产权作为一种无形资产，其对于企业的意义在某种程度上已超越有形资产，成为企业的核心竞争力，为企业开拓市场、保持竞争优势、不断创造效益、提升公司价值保驾护航[1]。

企业是市场经济的主体，同时也是知识产权创造、运用、保护和管理的主体。企业知识产权涵盖专利权、商标权、著作权及相关权利、集成电路布图设计权、地理标志权、植物新品种权、商业秘密权、传统知识权、遗传资源权、民间文艺权等诸多方面。为寻求有利的市场竞争地位，企业需要规范知识产权管理工作，对知识产权的创造、运用和保护等活动形成控制程序与制度，指导企业在研发、采购、生产、销售等经营环节有效开展知识产权工作。

知识产权管理是现代企业管理制度的一项重要内容，是企业推进创新型体系建设、促进技术成果转化、占领市场制高点的重要保障。知识产权管理的有效性与科学性对企业的经营发展至关重要。对知识产权缺乏科学有效管理的企业，难以在竞争激烈的市场环境中保持领先地位，甚至存在被市场淘汰的风险。建立与现代企业管理制度相适应的知识产权管理制度，全方位提升我国企业知识产权创造、运用、保护和管理能力，是适应国内外形势变化的必然要求，是国家知识产权战略的重要目标，也是我国企业大幅度提高自身核心竞争力、保障创新成果收益的必经之路。

1.2 企业知识产权管理的困境

世界银行 2017 年公布的最新统计数据显示，2016 年中国以 11 万亿美元的国内生产总值（GDP）仅次于美国，排名世界第二位、亚洲第一位，占比全球 GDP 总量的 14.84%。中国经济的发展在全球经济中的作用举足轻重，地位不断提高。特别是《国家知识产权战略纲要》实施以来的十年时间，以华为、京东方、腾讯等为代表的中国企业在知识产权方面积累日渐丰盈，知识产权管理水平日渐成熟。但不可否认，与国外企业相比，我国大部分企业的知识产权管理工作起步较晚，基础较差，由自身发展需求驱动从而切实重视知识产权工作、积极实施知识产权战略的企业仍然是少数。企业知识产权管理水平与欧美、日本等发达国家或地区相比，还存在着不小的差距。从整个大环境来看，我国现代企业的知识产权管理还存在诸多亟待解决的问题。

1.2.1 企业外部因素

企业外部环境对于企业的知识产权管理工作有一定制约，主要表现在以下几个方面。

（1）相关立法不够健全、尚待完善。随着市场环境的不断变化，目前的专利法、商标法、著作权法等知识产权相关法律为适应新形势需要及时修订；对企业经营发展至关重要的商业秘密保护方面的立法工作相对滞后，仍然没有专门的商业秘密保护法，与商业秘密保护有关的法律也较为分散。相比之下，欧美等发达国家对于商业秘密的保护已建立较为完备的法律制度。美国在 1979 年就已出台了《统一商业秘密法》，2016 年 4 月 4 日美国参议院又全票通过了《保护商业秘密方案》。国外相关的知识产权法律立法经验可为我国之镜鉴，促进我国知识产权立法的不断健全和完善。

（2）侵权成本低，维权成本高，导致企业知识产权保护积极性不高。在很多行业，产品被仿制或假冒的门槛较低，因此市场上的畅销产品被肆意"山寨"的现象屡见不鲜。例如，某些初创型企业，前期投入了大量的研发成本，但由于缺乏基本的知识产权保护意识，对研发成果未申请相关知识产权保护，导致企业利益受损后也无法寻求法律保护。即便有些企业已经获得了相关授权专利或已注册商标，也存在侵权行为取证难、诉讼周期长、维权成本高等现实困难，使得企业对知识产权维权望而却步，少数成功维权的企业也一再感叹"赢了官司、输了市场"。侵权成本低，企业维权成本高，侵权行为就会更加猖獗，企业创新意愿则大大降低。

（3）知识产权管理专业人才匮乏。随着国家对于知识产权的重视程度升级，知识产权相关从业人员数量逐年增加，专业知识产权服务机构不断涌现，但仍然无法满足企业的知识产权管理工作需求，企业内部的知识产权管理人员多数缺乏相关专业能力。无论是企业还是服务机构，具备较强知识产权实务能力和外语交流能力，熟知国际国内知识产权规则并能够熟练运用这些规则开展涉外知识产权代理，国际知识产权许可贸易，处理知识产权纠纷、诉讼以及能够参与国际技术标准制定的高层次知识产权专业人才极其缺乏[2][3]。

1.2.2　企业自身因素

我国企业在如何构建和完善知识产权管理机制方面仍存在诸多问题，主要表现在以下几点。

（1）企业知识产权管理意识不强、对知识产权管理的重视度不够。知识产权制度在我国起步较晚，整体上对知识产权管理和保护的意识较为薄弱。虽然在政府机构的推动下，国内企业的知识产权积累已大幅增加，但很多企业尚未建立完备的知识产权管理制度，大型企业如此，占市场绝大多数的中小企业对知识产权管理更是缺乏基本的概念。少数创新驱动型企业虽然有意识地将知识产权管理提升到企业战略高度，但由于专业管理人才的缺失，尚不能将知识产权战略与企业的发展战略有机结合，知识产权管理工作更多地停留在档案管理水平，缺乏整体规划、统一布局、有效运作，远未达到知识产权管理规范所要求的高度。

（2）企业未设置健全的知识产权管理机构、缺少管理知识产权的专业人才。多数企业的知识产权管理工作临时由行政部门、法务部门、技术部门等职能部门的人员兼职，同时知识产权管理人员的任职要求不明确，兼职人员不具备知识产权管理相关的知识和基本技能，造成知识产权管理水准停留在基础文档管理层次。中小企业由于资金短缺等因素，大多不能承受长期聘请外部专业的咨询或管理机构对其知识产权进行全面规划与管理的经济负担。专业人才与管理机构的缺失，使得企业距离有效保护和运营知识产权的目标还相去甚远，企业层面的知识产权战略自然无法实施与推进。

（3）企业知识产权的运用欠缺。原因主要有以下两个方面：一是企业知识产权重数量、轻质量。由于国家对于知识产权战略的重视，各种鼓励以及优惠政策的出台，促使企业在短期内迅速提高了知识产权的积累量，其中专利数量的增加尤为明显。但政策驱动下，以申请为目的的研发行为导致相当一部分专利的质量偏低，无法对其进行有效的知识产权保护，从而限制了专利的转让、许可等能为企业带来效益的知识产权经营活动。二是缺乏成熟的知识产权价值评估体系以及知识产权交易平台，企业纵然手握优质的知识产权资源，也难以对知识产权的价值进行有效评估，涉及知识产权的专项投融资活动目前还鲜有企业进行尝试[4]。

1.3 企业知识产权管理的意义

从国家层面来看，企业知识产权管理有利于增强我国自主创新能力，建设创新型国家；有利于完善市场经济体制，提高国家核心竞争力；有利于扩大对外开放，实现互利共赢。

从企业层面来看，企业知识产权管理的意义包括以下几个方面。

（1）有利于促进企业技术创新。通过建立有效的激励机制，企业可以充分调动员工的主观能动性，鼓励和引导员工积极参与到企业技术创新活动中。通过建立科学有效的研发控制程序，加强对现有技术的检索、分析和利用，企业能够提升研发起点、提高研发效率、节约成本，规避侵犯他人知识产权的风险，同时也能避免重复研发造成人力、物力的浪费。

（2）有利于改善企业市场竞争地位，形成企业核心竞争力。通过采取及时恰当的知识产权保护措施，企业可以实现对核心技术的有效控制，将技术优势转化为市场竞争优势，确保企业占据有利的市场地位，从而为企业带来最大化的市场收益。通过全面的知识产权运营，企业能够加快形成核心竞争力。

（3）有利于支撑企业可持续发展。通过建立有效的知识产权风险管理机制，企业可以加强对生产经营过程中的知识产权侵权风险的识别和评估，采取必要的风险控制措施，避免发生知识产权侵权行为或者降低知识产权侵权行为所带来的损害。同时，通过建立有效的市场监控机制，企业能够及时发现和监控企业知识产权被侵权的情况，选择适当的争议解决方式，有效维护自身的合法权益[5][6]。

参考文献

[1] 国务院.《国家知识产权战略纲要》, 2008.

[2] 熊致伟. 论现代企业知识产权管理中的问题及对策 [J]. 商场现代化, 2011 (11): 99-100.

[3] 葛巨龙. 企业知识产权管理的主要问题及对策探讨 [J]. 科技创新导报, 2015 (5): 194-195.

[4] 岳冰. 我国企业知识产权管理的现状、问题及对策 [J]. 法制与社会, 2014 (3).

[5] 罗蓉蓉. 浅谈企业知识产权管理及策略 [J]. 图书情报导刊, 2011 (12): 98-101.

[6] 徐佳. 浅谈企业知识产权管理的重要意义 [J]. 山西科技, 2013 (6): 29-31.

(本章撰稿人：谢正旺)

2

《企业知识产权管理规范》概述

2.1 编制背景

2008 年 6 月 5 日，国务院正式颁布的《国家知识产权战略纲要》明确指出实施国家知识产权战略。大力提高企业知识产权创造、运用、保护和管理能力，推动企业在创新道路上持续发展是实施国家知识产权战略的一项重要任务。

党的十八大明确提出实施创新驱动发展战略。科技创新能够造就新产业和新产品，为经济社会的发展提供坚实的物质基础。在知识经济日益发展和经济全球化不断加速的国际环境下，我国企业对提高自主创新能力和知识产权运用水平的需求日趋强烈，愈加迫切地需要把知识产权的创造和管理融入企业经营的各个环节。

为更好地发挥知识产权对科技创新的保驾护航作用，由国家知识产权局、中国标准化研究院起草制定，国家标准化管理委员会批准的《企业知识产权管理规范》（GB/T 29490—2013，以下简称本标准）于 2013 年 2 月 7 日颁布，自 2013 年 3 月 1 日起正式实施，这是我国首部企业知识产权管理国家标准。

本标准参照 ISO 9001 质量管理体系的管理思想，在吸收国内外企业知识产权管理经验的基础上，基于过程方法，通过策划（plan）、实施（do）、检查（check）和改进（action）即 PDCA 循环将知识产权管理系统化和体系化，进而保障知识产权管理的有效运行和持续改进，从而提高企业核心竞争力、降低知识产权风险。

本标准的编制综合考虑了不同规模、不同行业、不同类型企业的知识产权管理需求，根据《中华人民共和国专利法》（以下简称《专利法》）、《中华人民共和国商标法》（以下简称《商标法》）以及《中华人民共和国著作权法》（以下简称《著作权法》）等法律法规，按标准化工作导则编制而成。本标准吸收江苏、广东、湖南、北京和台湾等地区知识产权管理规范的优点，力图将知识产权管理体系融入企业现有管理体系，实现企业管理的融合，适应现代企业经营发展的要求和管理标准融合的新趋势。

2.2　基本架构

本标准包括前言、引言和企业知识产权管理规范（正文）三部分内容。

与众多标准类似，前言部分明确了本标准的起草规则、提出和归口单位、起草单位以及主要起草人。引言部分采用概述、过程方法、原则和影响因素这四个小节，提纲挈领地介绍了本标准的总体思想。正文部分共分为九个章节，包括范围、规范性引用文件、术语和定义、知识产权管理体系、管理职责、资源管理、基础管理、实施和运行、审核和改进，详细阐述了企业知识产权管理活动中各个过程和环节的基本要求。

本章将以引言部分和正文部分为主要着眼点，概述《企业知识产权管理规范》的基本要求和主要特点。

2.3　引言部分

2.3.1　概述

近年来，科技创新带动社会飞速发展，企业作为重要创新主体和基础，对知识产权进行标准化、规范化管理的需求也日渐增大。为顺应这一需求，本标准提供了一种基于过程方法的管理模型，以满足企业经营发展中对知识产权管理的需求，指导企业规范化地策划、实施、检查、改进知识产权管理体系。

企业经营活动如逆水行舟，风险无处不在，知识产权风险涉及企业经营的各个环节。企业在日常经营活动中应充分了解可能遇到的知识产权风险，以求未雨绸缪，防患于未然。例如，针对曾发生过泄密事件造成重要专利技术的提前"被公开"问题，企业加强保密管理；或者，知识产权侵权或被侵权事件频发，企业加大研发力度以降低或规避同类风险；投入巨资研发的产品进入市场不久即被"山寨"，针对这种为不良厂商"发福利"的被动局面，企业起诉相关侵权者。但此类临时性的补救措施一般收效甚微。企业经营过程中的知识产权风险应通过建立科学、系统的知识产权管理体系予以有效规避和防范，并在持续改进的基础上得到不断改善。

2.3.2 核心理念——过程方法

本标准是基于过程方法建立的企业知识产权管理模型。所谓过程是指利用人力、财力、物力以及信息等各类资源，将需求或目标（输入）转化为结果（输出）的任何一项或一组活动。企业知识产权管理体系是涵盖多个过程的完整体系，是将企业对知识产权管理的需求和预期转化为多个知识产权管理绩效的整体过程。

上述提及的企业知识产权管理输入和输出的一般概念也在引言部分给出。输入一般包括开发新产品、研发新技术，提高产品附加值、扩大市场份额，防范知识产权风险、保障投资安全，提高生产效率、增加经济效益等在经营发展过程中对知识产权管理的各项需求。输出一般指企业通过持续实施并改进知识产权管理体系能够实现激励创造知识产权以促进技术创新、灵活运用知识产权来改善市场竞争地位、全面保护知识产权以支撑企业持续发展、系统管理知识产权助力提升企业核心竞争力。

过程方法作为本标准的核心理念，其采用 PDCA 循环。PDCA 循环又名"戴明环"，是管理学中的一个通用模型。P、D、C、A 所代表的意义如下所示。

P（plan）：策划，包括方针和目标的确定以及活动规划的制定；在企业建立知识产权管理体系过程中，主要是指根据知识产权管理需求，确定知识产权方针、目标以及制订知识产权工作的总体规划。

D（do）：实施，根据计划，制定具体方案、设计和布局，再进行具体运作，实现计划中的内容；在企业运行知识产权管理体系过程中，主要是指根据知识产权工作目标和规划，在企业的各个业务环节中实现知识产权目标，完成知识产权规划。

C（check）：检查，指总结计划实施的情况，明确效果，找出问题；在企业建立知识产权管理体系过程中，主要是指根据知识产权方针、目标以及知识产权管理体系文件检查各相关部门的执行情况，并形成结论。

A（action）：改进，对检查的结果进行处理，对体系运行过程中成功的管理经验加以肯定，对薄弱环节加强管理，对于没有解决的问题，应提交给下一个 PDCA 循环去解决。在企业运行知识产权管理体系的过程中，主要根据 PDCA 循环的检查结果不断改进知识产权体系，提升企业知识产权管理水平。

基于过程方法的 PDCA 循环管理模式是一个有效运行和持续改进的过程，是通过策划、实施、检查和改进不断地进行循环式发展的过程。企业在经营发展过程中应定期将知识产权管理体系实施情况与预期管理目标（策划）相比较，建立内部审核程序，对各个环节的实施及执行效果进行监控和检查，在不断改进的基础上确保知识产权管理体系符合本标准的要求。

贯彻本标准提供的知识产权管理方法，企业可充分实现知识产权管理活动的重要因素均受控、充分发挥知识产权在企业发展中的重要作用，促进自主创新并形成自主知识产权，推动知识产权创造、运用和保护能力，有效规避或降低企业各个发展阶段中可能存在的风险，有效改善知识产权管理水平。

如果将知识产权管理体系当作一个高智能、具有深度学习能力的机器人，那么在初始设定后，它可以通过不断的学习和改进来完成对其下达的各项指令。跟机器人一样，知识产权管理体系也包括硬件和软件，硬件诸如基础设施，软件包括体系文件、信息资源、财务资源以及人力资源等。通过资源的有机整合进行"初始设定"，根据企业经营现状以及未来发展的愿景，明确各种资源的要求，经过运行和检查进而不断改进管理体系。

通过知识产权管理体系的运行可以实现企业知识产权的全生命周期管理，并提高企业知识产权创造、运用、保护、管理和服务的有效性，通过恰当的风险预警和规避制度可以降低企业知识产权侵权或被侵权的可能，通过适宜的激励措施和绩效考核制度可以提高员工创新的积极性，进而提升产品或服务的附加值，提升企业核心竞争力和市值。

2.3.3 指导原则

引言部分明确指出企业在知识产权管理过程中的三项指导性原则，即战略导向、领导重视和全员参与。需要特别说明的是，这三项原则是企业在贯彻执行本标准、构建并运行知识产权管理体系时应遵循的原则，而不仅仅是建立管理体系初期，或是在对建立的管理体系进行认证审核时的原则。

2.3.3.1 战略导向

近年来，以华为公司为代表的诸多优秀企业发展势头迅猛，他们的一个共同点就是重视知识产权。然而，对于国内大部分企业来说，能够统一部署经营发展、创新驱动和知识产权运营的企业尚属凤毛麟角，自不用说把知识产权管理放到战略层面上了。更多的知识产权管理模式停留在知识产权获取和维护的基础功能上，单纯地为"管理"而管理。企业对于知识产权如何与持续发展相互配合，如何促进技术创新所知甚少，或者"有想法，没办法"。即便是已经建立知识产权管理体系的企业，若未将战略导向这一原则落到实处，管理体系也难以发挥最优效果。

创新和知识产权战略运用是企业可持续发展的核心驱动力，是适应国际竞争新环境和新规律的重要手段。区别于以往局限在战术层面的知识产权创造、运用、保护、管理和服务工作，在国家经济转型升级需要知识产权战略性跟进的新阶段，企业对知识产权战略设计和总体谋划的需求越来越高。为保持创新驱动持续有力，企业迫切需要统一部署发展、创新和知识产权三大战略。

为顺应这一需求，本标准提出的第一项指导原则就是战略导向，将知识产权管理提升至与经营发展、科技创新相同的战略高度，使三者互相支撑、互相促进，从而加强企业的知识产权战略意识，提升企业核心竞争力。

2.3.3.2 领导重视

最高管理者是企业的领航员，掌握企业核心资源，通过合理配置资源来有效保障企业发展重心，为企业发展做出关键决策，而企业发展决策制定者的身份与知识产权管理体系作为战略导向的第一指导原则完美契合。由此，本标准提出第二项指导原则为领导重视，指出知识产权管理的关键在于最高管理者的支持和参与，最高管理层应全面负责知识产权管理以及管理体系的建设，全面参与包括制定知识产权方针和目标、合理配备资源、根据需求设定管理职责和权限、组织管理评审等活动。

企业知识产权管理在起步或者初级阶段，往往很难被"领导重视"，甚至不能根据既定的战略方针获得适宜的人力、物力和财力等资源。只有"尝过甜头、吃过苦头"，尤其是"吃过苦头"，企业管理层才会重视知识产权的管理，才会从根本上转变企业知识产权管理状况。譬如，某企业由于经常发生泄密事件而使自主研发成果长期得不到良好保护，该企业领导在与朋友交流中了解到"知识产权管理体系"，意识到这个体系将扎紧其企业管理的漏洞。经充分了解和论证后，该企业依据本标准要求建立了知识产权管理体系，由于企业领导的高度重视，员工对知识产权管理的认识和重视程度也大幅提高，能够更好地贯彻执行应承担的职责。该企业在运行该体系半年后，通过了第三方认证机构对其知识产权管理体系的认证，之后未再发生一例泄密事件，同时企业知识产权管理水平大幅提高，专利申请量逐步增加，企业在招投标中的竞争力也明显得到提升。

对于未充分认识到知识产权管理体系重要性的最高管理者，其知识产权管理机构应发挥主观能动性，采取多种方式向最高管理者宣传知识产权管理体系在企业发展中的核心作用，以提升其对知识产权管理体系的重视程度。例如，可采取向最高管理层汇报知识产权管理体系如何加强保密管理、如何降低合同管理过程中的风险、如何在保护产品销售市场的同时规避销售活动中的风险、如何在采购环节中选择和管控合格供应商、如何在研发过程中既做好知识产权挖掘和布局又做到风险预判，等等。

2.3.3.3 全员参与

企业各业务环节无一例外均涉及知识产权，全体员工均为知识产权创造、运用和保护的参与者或执行者。在知识产权管理体系的建立和运行过程中，应充分发挥全体员工的创造性和积极性。作为具有战略导向意义的知识产权管理体系，在得到领导重视的基础上，只有充分调动全体员工的积极性，方可在规范化激励创新的同时，有效促进知识产权的运用和保护。

"参与"不同于"参加",二者本质区别在于员工是否主动、积极地融入日常管理活动中。对于知识产权管理体系而言,调动全体员工积极"参与"知识产权管理工作尤为重要。

全员参与,不是一项制度,而是一种文化;不是一次活动,而是一种观念。企业知识产权的有效管理应贯穿所有部门、全体员工以及所有工作环节。同领导重视一样,全员参与也绝不应成为一句空话。比较常见的问题是,部分员工、部门乃至部分企业会想当然地认为知识产权管理是知识产权管理机构的工作,而忽视知识产权管理体系的完整性和全面覆盖性。若把知识产权管理体系比作一艘巨轮,领导重视就是蓝图、是发动机,主管部门的积极参与能够为巨轮搭起骨架和轮廓,而只有全员参与才能使巨轮顺利地下水、远航。失去全员的参与,即使巨轮能够勉强下水航行,也不免故障频发,无法驶向远方。

在应用全员参与原则时,企业需要使员工了解他们在管理体系中的作用以及贡献的重要性;应将总目标分解到职能部门和各个层级,让员工看到更贴近自己的目标,激励员工为实现目标而努力,使员工充分发挥创造力;让员工在本职工作中有一定的自主权,并承担解决问题的责任;建立员工参与管理的激励机制,并充分评价员工的业绩;启发员工积极寻找机会来提高自己的能力、知识和经验;在企业内部,应提倡自由分享知识和经验,使先进的知识和经验成为共同的财富。

2.3.4　影响因素

不同企业在策划和实施知识产权管理体系时的侧重点不尽相同。本标准指导企业科学、充分地考虑自身特点,形成"量身定做"的规范化管理体系,而不是"一刀切"地复制一成不变的体系。本标准强调企业实施知识产权管理体系时应考虑以下因素:经济和社会发展状况、法律和政策要求;企业的发展需求、竞争策略、所属行业特点;企业的经营规模、组织结构、产品及核心技术。

经济和社会大环境是企业发展过程中必须时刻关注、充分考虑的问题,在策划建立知识产权管理体系时同样需要考虑这些问题,包括经济、社会、文化、法律、政策和市场环境等因素。创新驱动是我国转变经济增长方式、进行经济结构转型升级、实现可持续发展的必由之路。创新驱动发展战略是国家在当前经济形势下提出的重大战略，未来的发展要靠创新驱动，创新的目的就是驱动发展，也只有创新才能长期、有效地驱动发展。如同高铁、互联网、自动化制造、智能物流、智慧家居等，创新无处不在，正加速改变我们的生产制造模式和日常生活。创新驱动发展的重要支撑就是知识产权制度，如何用好知识产权制度、做到紧抓时代脉搏、大力促进创新，对于每个渴求良好发展的企业来说都是一个重要命题，而《企业知识产权管理规范》恰恰提供了一个高效的、强有力的工具，能够很好地指导企业激励创新、保护创新。

在充分考虑经济和社会发展状况的同时，法律和政策的要求也是实施本标准的重要影响因素。近几年来，随着创新驱动发展战略的深入实施，我国知识产权相关法律、政策环境悄然变化，如逐步加大对知识产权侵权行为的处罚力度等，这要求企业更加规范化地运用知识产权制度。再者，我国与发达国家以及其他发展中国家的经济、法律、政策方面的差异对于希望进入国际市场的企业是一项挑战。经济发达地区，如美国、英国、日本等国的知识产权保护机制较为完善，有的还制定了针对知识产权侵权的惩罚性赔偿制度，因此知识产权侵权"成本"较高。大多处于产业链低端的发展中国家，一般会有针对性地制定一些利于自身产业的知识产权制度。业务涉及境外市场的企业必然要适应不同国家地区的差异化要求，其建立的知识产权管理体系要充分考虑这种需求，为企业的国际化战略保驾护航。

例如，华为、京东方等知名企业每年都会在国内申请大量知识产权，但对于《专利合作条约》（PCT）国际专利申请、商标国际注册等国际化策略，各企业根据自身业务规划，在充分评估和筛选的基础上选择其中一部分到目的地国进行申请注册，如此布局既可以将知识产权权益扩展到目标市场，又可以节省可观的申请、维护费用。

企业在策划和实施知识产权管理体系时，还应当充分考虑企业的产品、服务及其核心技术，充分考虑可持续发展的需求、竞争策略、行业特点以及企业规模、组织结构等情况。例如，对于技术型企业，其核心技术成果就必须重点保护；对于服务型企业，其服务模式或者商业方法则需要重点保护。随着互联网及信息化越来越深入地融入生产生活，知识产权的信息化管理系统也越来越被各类企业所接受。对于初创型小微企业，可以采取知识产权托管模式，也可以采用业内较成熟的知识产权信息化管理系统，以在最大限度降低管理成本的同时，充分发挥知识产权管理体系的作用；企业在发展壮大的同时，可结合自身特点及发展需求不断改进管理模式，有能力的企业甚至可以"个性化定制"一套知识产权信息化管理系统，与研究开发系统、质量管理以及流程管理等信息化系统更好地融合。

综上所述，充分说明本标准对适宜性的重视，企业建立的知识产权管理体系一定要适应自身特点，是"量身定做"的而不是完全"程式化""一刀切"的管理体系。

2.4　正文部分

《企业知识产权管理规范》正文分九个章节，各章节主要内容如下。

2.4.1　范围

明确本标准的主要适用范围是有建立、运行并持续改进知识产权管理体系的愿望，并寻求外部组织对其知识产权管理体系进行评价的企业。事业单位、社会团体等其他组织也可参照执行。

2.4.2　规范性引用文件

规范引用了《质量管理体系　基础和术语》（GB/T 19000—2008）以及《知识产权文献与信息　基本词汇》（GB/T 21374—2008）。

2.4.3　术语和定义

界定了本标准涉及的重要术语和定义，引用于"规范性引用文件"中明确的两份文件。譬如，本标准3.3条款对"产品（product）"的定义为"过程的结果"，同时通过注释对产品的定义和类型进一步做了说明："产品通用类别有四种：服务（如运输）、软件（如计算机程序、字典）、硬件（如发动机机械零件）和流程性材料（如润滑油）。产品可以以一种类别存在，也可以由分属于不同产品类别的成分构成。产品的四种通用类别中，服务通常是无形的，软件一般是由信息组成的方法、报告或程序等形式存在的无形产品，硬件通常是具有计数特性的有形产品，流程性材料通常是具有连续特性的有形产品。"

2.4.4　知识产权管理体系

从第四章开始进入正文中的"正文"。本章明确企业知识产权管理体系的主要内容包括"总体要求"和"文件要求"。"总体要求"规定标准化知识产权管理体系的建立应参照《企业知识产权管理规范》，体系建立后应进行有效的实施、运行，在监督检查的基础上持续改进，管理体系运行过程中应形成必要的文件。"文件要求"具体限定了知识产权体系文件的种类和管理要求，其中，"总则"明确了知识产权管理体系文件应包括知识产权方针和目标、知识产权手册、标准要求形成文件的程序和记录；"文件控制"明确了文件发布、修订过程中审核批准程序、文件的相关要求、分类管理以及保存使用等要求；"知识产权手册"应保持其有效性，并应覆盖知识产权机构职责和权限、知识产权管理体系的程序文件或对程序文件的引用、知识产权管理体系过程之间的相互关系；"外来文件和记录文件"章节明确了其管控范围、建立、保管和使用的各项要求。

2.4.5　管理职责

本章规定了最高管理者、管理者代表及知识产权管理机构的职责权限以及策划等要求，包括管理承诺，知识产权方针，策划，职责、权限和沟通以及管理评审五个小节。"管理承诺"是最高管理者作为企业知识产权管理的第一责任人而应承担的职责，包括制定知识产权方针、目标，明确知识产权管理职责和权限，确保有效沟通，配备必要资源并组织管理评审，提纲挈领地概述其余四个小节的要求。批准、发布知识产权方针是最高管理者的第一项职责。"知识产权方针"应为最高管理者根据企业经营发展的需要制定、符合相关法律和政策要求、得到企业全体员工的贯彻和执行并予以有效实施和保持的文件，并需采用恰当的方式（如管理评审）适时评审以确保持续适宜企业发展。"策划"包括知识产权管理体系策划、知识产权目标、法律和其他要求。最高管理者应在充分考虑知识产权方针并明确各相关方需求的基础上，策划建立知识产权管理体系，确保知识产权获取、维护、运用和保护活动得到有效运行和控制，并做到持续改进。完成知识产权管理体系的基础策划之后，最高管理者应针对企业内部有关职能，制定与知识产权方针一致的、层次化且可考核的知识产权目标，包括对持续改进的承诺并形成文件。此外，最高管理者还应为企业的合法合规经营负责，应批准建立相应的管控程序以便于识别、获取、及时更新和传达适用的法律和其他要求。"职责、权限和沟通"明确最高管理者应在企业最高管理层中指定或任命管理者代表，建立配备专业人员的知识产权管理机构及有效的沟通渠道，由管理者代表主管并统筹、知识产权管理机构落实具体工作，通过合理有效的沟通渠道确保知识产权管理体系的有效运行。"管理评审"是最高管理者检验和确保知识产权管理体系运行适宜性和有效性的有效方法，通过对知识产权方针目标、经营目标策略、新品规划、技术发展趋势以及对前期审核结果等输入信息的综合分析，输出对知识产权管理体系修改的建议，从而确保知识产权管理体系的持续适宜性和有效性。

2.4.6　资源管理

本章明确了企业知识产权资源管理的要求，包括人力资源、基础设施、财务资源、信息资源四方面。"人力资源"管理的根本目的是通过对员工进行规范化管理以最终达成知识产权管理体系的方针和企业发展愿景。"人力资源"管理需明确知识产权工作人员的任职条件，通过适当且必要的教育和培训等措施，确保知识产权工作人员满足相应的条件；通过规定并组织教育和培训深化员工的技能学习；采用人事合同约定知识产权权属、明确发明创造人员的权利和义务；对于入职和离职的员工需做好知识产权风险的调查和监控工作；建立知识产权相关的奖惩制度。为保障知识产权管理体系的运行，企业应配置必要"基础设施"，包括软硬件设备及办公场所等。另外，为保障知识产权申请、维持、管理机构运行，激励和风险备用等"财务资源"的配备，企业应设立知识产权经常性预算。为充分开发并运用"信息资源"，企业应建立对相关行业领域以及竞争对手知识产权信息的收集渠道，并加强对信息的筛选和分析利用，同时需建立审批流程以管控对外发布信息时的风险。

2.4.7 基础管理

本章共分六小节，前四小节从获取、维护、运用和保护四个方面明确知识产权从诞生开始所需的管理措施，后两小节阐述合同管理和保密管理环节的管理要求。第一小节"获取"阶段，为达成管理体系策划环节建立的知识产权目标，企业应根据既定目标制定明确的获取工作计划和获取策略、执行必要的检索分析、保持获取记录，本小节同时还对保障发明创造人员的署名权提出明确要求。第二小节"维护"明确对知识产权进行日常维护需建立知识产权分类管理档案的要求，在对权利进行变更和放弃前进行必要的评估。第三小节综合阐述知识产权"运用"所需的管控措施，包括：企业应促进并监控知识产权的实施，在实施、许可和转让知识产权之前按既定的调查方案进行评估；投融资活动前对相关的知识产权应做好尽职调查，对相关风险和价值进行评估，涉及境外的投资则应针对目的地的知识产权法律、政策及其执行情况进行充分的风险分析；进入重组阶段的企业，无论是合并或并购其他企业还是出售或剥离资产，均应对相关知识产权进行重点调查和评估；参与标准化工作的企业，首先需了解标准化组织的知识产权政策，在将专利技术方案标准化过程中应按照相应知识产权政策的要求进行披露或许可，牵头制定标准的企业应协调确定其标准化组织的知识产权政策及相关的工作程序；参与或组建知识产权联盟及相关组织时，应了解或明确其知识产权政策。第四小节明确"保护"知识产权的要求，从风险控制、争议处理和涉外贸易三个方面分别进行阐述，包括企业经营过程中如何对潜在的知识产权风险进行管控，以避免或降低侵权和被侵权风险；一旦发生争议事件，则应及时评估并择取适宜的解决方式；涉及境外销售的企业应对目的地的知识产权法律政策，尤其是其执行情况、相关行业诉讼案例进行调查分析，明确风险，评估在目的地进行知识产权申请、注册和登记的必要性和时间节点，同时采取相应的边境保护措施。"合同管理"小节明确规定企业应在加强对各类合同知识产权条款审查的同时形成记录；在知识产权对外委托业务合作中应签订书面合同并加强管理；对涉及双方或多方委托、合作开发的业务，签订合同不仅应明确相关合作所产生成果的知识产权权属、许可及利益分配，还要约定针对合作成果进行后续改进的权属和使用。本章最后一小节对企业的"保密"管理提出详细要求，规定应从涉密人员、可能造成泄密的设备、涉密信息和涉密区域四个角度进行管控。

2.4.8　实施和运行

本章用五个小节规范企业经营过程中各环节的知识产权管理活动，即对立项、研究开发、采购、生产、销售和售后五个环节的知识产权管理要求进行了明确规定，突出全流程的企业管理理念。企业在"立项"环节应加强项目相关知识产权的调查分析，明确关键技术、核心专利等知识产权信息，通过对关键技术的专利数量、地域分布和专利权人等信息的分析，再辅以市场调研结果，从而确定项目或产品相关的合作伙伴和竞争对手，在进行知识产权风险评估的基础上完成项目立项和整体预算。进入"研究开发"环节后，企业应加强知识产权及各类公开信息的检索利用，基于分析结果制订知识产权规划，对研发过程中的知识产权进行跟踪与监控，必要时调整研发策略，促进研发成果的及时汇报并对其开展有效的评估确认，选择合适的时间节点形成知识产权，研发记录的有效管理也是不可或缺的。企业"采购"涉及知识产权的产品时，应加强相关知识产权信息的收集和对供应商的调查，采购合同的知识产权条款要权责明确，同时加强供方信息、进货渠道、进价策略等关键信息的保密管理工作。企业在"生产"过程的知识产权管理体现在及时评估生产工艺方法的技术改进和创新，选择恰当的方式对其进行保护，选择恰当的时间节点形成知识产权，加强对协同生产的合同管理和监控，对生产记录的有效管理也不可忽视。"销售和售后"小节规定企业应在销售前加强对产品知识产权状况的全面审查和分析，制定展会等宣传活动的风险规避方案，建立市场监控程序并有效保持相关记录，当产品升级或市场变化时应及时调查反馈，并在此基础上调整知识产权策略和风险规避方案，选择适当的时机形成新的知识产权。

2.4.9 审核和改进

本章作为本标准最后一章规定了知识产权管理体系持续改进的要求，包括总则、内部审核、分析与改进三方面的管控措施，也是完成 PDCA 闭环的重要环节。"总则"要求企业应采取监控、审查和改进等必要的措施，使企业的产品和软硬件设施符合知识产权有关要求，确保知识产权管理体系的持续有效性，并适应企业的发展规划。企业应定期对知识产权管理体系进行"内部审核"，对审核结果进行分析，根据知识产权方针、目标以及检查分析的结果制定和落实改进措施，并验证改进效果，以确保知识产权管理体系的适宜性和有效性。应根据知识产权方针、目标以及检查、分析的结果"分析与改进"体系，并制定和落实改进措施。

2.5 特点与适用范围

本标准以"戴明环" PDCA 模型为理论依据，基于过程方法构建知识产权管理模型，提供一套全面、合理且具有很强指导意义的体系架构。

标准编制过程中综合了政府、企业、研究机构、咨询机构和标准院等各领域专家的思路，考虑了不同知识产权类型的管理特点，体现了全业务、全流程和全岗位的知识产权要求和规范化的标准制定要求，系统、全面地规范了企业的知识产权管理要点。企业通过贯彻本标准可以实现对知识产权创造、保护、运用的全方位、系统化和标准化的管理。本标准以战略导向、领导重视和全员参与为指导原则，将知识产权提升至战略高度，强调最高管理者全面负责知识产权管理，各业务领域和各业务环节中全员积极参与，以科学化和系统化的方法为企业内部能力提升和外部发展保驾护航。

企业一方面需对具体事务进行全流程管理，例如，对知识产权获取、维护、运用和保护各流程每个环节每个节点进行相应的管理；另一方面对企业各经营环节进行全流程管理，如产品研发、原材料采购、生产制造、上市销售等各阶段的管理，以最终实现全面的知识产权管理。企业贯彻标准需先解析自身知识产权管理需求，从风险防控、产品研发以及基础管理等多角度进行策划，通过确立管理职责、配备多方资源、细化各层次目标、有效实施文件等手段构建知识产权管理体系，通过内部审核和管理评审来检查管理体系以实现持续改进，从而达到促进创新、提高市场竞争力以最终提升企业效益的效果。

本标准的要求适用性强，具有很好的指导意义，便于解决企业各个环节、各个过程中"有想法、没办法"的困境。例如，企业人力资源管理中对于员工能力培养，新老员工携密入、离职，激励制度适宜性等方面往往存在疏漏，标准中通过明要求、多培训等方式加强员工能力培养，通过入职阶段适当的调查、离职阶段相应的提醒、关键员工签署声明或协议的方式规避风险，通过人事合同以及适宜的激励制度确保员工与企业权责分明、奖惩得当，从而达到既可激发员工积极性又可规避相关知识产权风险的目的。

本标准提出的策划、实施、检查、改进知识产权管理体系的模型，可广泛应用于不同类型、不同规模、提供不同产品和服务以及处于不同发展阶段的企业。本标准既关注风险防控，又强调创新激励，不仅明确知识产权获取、维护、运用和保护等基础管理环节的需求，对合同中知识产权管控及商业秘密的保护也提出了标准化要求，重点突出和明确了企业在立项、研究开发、采购、生产、销售和售后这五大核心经营阶段的知识产权管理需求。各类企业在充分了解、熟悉本标准的基础上，结合自身实际情况，均可依据本标准要求创建适应自身发展现状且独具特色的知识产权管理体系。事业单位、社会团体等其他组织，也可参照本标准相关要求执行。

（本章撰稿人：戚宝德、苏新）

3

《企业知识产权管理规范》理解与实施

3.1 知识产权管理体系

3.1.1 总体要求

【标准条文】

> **4.1 总体要求**
>
> 企业应按照本标准的要求建立知识产权管理体系，实施、运行并持续改进，保持其有效性，并形成文件。

【条文解读】

（1）本条款是针对在内部导入知识产权管理体系的企业所提出的总体要求。企业应按照本标准的要求建立适宜的知识产权管理体系，保持其有效性，通过知识产权管理体系的实施和运行，帮助企业系统地提升其知识产权管理能力，以打造企业核心竞争力，同时帮助企业系统地控制其知识产权侵权和被侵权的风险，最终达到改善企业市场竞争地位和促进企业可持续发展的目的。

（2）企业应按照本标准的要求，策划体系架构、职责、活动、程序、过程和资源等要求。

（3）实施、运行并持续改进：是指企业建立的知识产权管理体系必须通过实施和运行来保持体系持续改进的能力。

（4）保持其有效性：是指企业应按照本标准的要求贯彻实施知识产权管理体系，并不断改进和完善，以满足企业不断提升的知识产权管理需求。

（5）形成文件：是指企业按照本标准的要求建立、实施、运行和改进知识产权管理体系的相关活动和过程，都应按本标准的要求形成适当的文件，以确保知识产权管理体系有章可循、有据可依。"实用有效"为文件的基本要求，应注重文件的内涵和效能，而不过分注重文件的形式、名称和种类。

【实施建议】

（1）不同企业在策划和实施知识产权管理体系时，侧重考虑的因素不尽相同，因此建议企业从外部环境、内部需求和长远发展三个方面组织实施：

1）企业所处的经济、社会、文化、法律、政策和市场环境是企业构建知识产权管理体系必须充分考虑的一个方面；

2）企业在策划和实施知识产权管理体系时，还应当充分考虑企业提供的产品、服务及其技术和业务流程；

3）策划知识产权管理体系还需要充分考虑企业可持续发展、企业竞争策略、企业规模和企业组织结构等方面的要求。

（2）企业知识产权管理体系采用过程控制方法，应用 PDCA 循环，不断改进和完善，才能最终形成符合企业自身需求的知识产权管理体系。

（3）企业知识产权管理体系属于"一把手"工程，应杜绝"两张皮"现象，在企业下定决心建立知识产权管理体系后，最高管理者应提供足够的人力、物力和财力支持，切实保障该体系的正常运行。

（4）保持体系有效性的监控机制主要包括企业内部的知识产权管理监督和绩效考核、内部审核和管理评审。知识产权管理监督和绩效考核是知识产权管理机构的主要工作，通过建立知识产权管理绩效评价体系，参与监督和考核其他相关管理机构，发现体系存在的问题，并及时反馈和整改，以保证过程和活动的有效运行。内部审核是对体系符合性和有效性进行全面评价，是确保体系有效运行的良好手段。管理评审是对体系适宜性、充分性和有效性的第三级监控，管理评审前要充分收集体系运行情况，通过汇总分析找出体系改进的方向。

(5) 企业对建立并运行的知识产权管理体系所产生的绩效应该有一个科学的认识，切忌急功近利。UNIDO、ISO 等权威机构的联合研究表明，体系标准需要 2~3 年的运行才能产生明显的绩效[1]。

【案例分析】

案例 3-1：中国大冢制药有限公司（下称中国大冢）是中国第一家中外合资制药企业，其主营产品为滴眼剂和注射剂系列产品。2015 年，中国大冢开展知识产权贯标工作，依据《企业知识产权管理规范》（GB/T 29490—2013）的要求，结合中国大冢所处的内外部环境和实际需要编制了《知识产权管理手册》，建立并运行了标准化的知识产权管理体系。在开展贯标工作前，中国大冢的发明专利申请占比不够高、自主创新的全过程未能细化责任到人、商业秘密的保护也没有实现规范化管理。此后，在市区两级知识产权管理部门的积极推进和贯标辅导机构的帮助下，中国大冢完成了贯标工作的诊断分析、系统整改、学习培训以及运营评审等各个阶段的工作，使企业的知识产权工作实现了制度化、规范化。体系运行两年之后，中国大冢总经理高海春的感受是："通过贯标工作的推动，中国大冢的专利结构进一步优化，发明专利申请占比和核心技术专利实施转化率均超过60%，专利产品年销售收入同比增长了近1/3，让这家拥有35年历史的企业在医药产业大输液这一细分领域内赢得了市场先机。"[2]

3.1.2　文件要求

3.1.2.1　总则

【标准条文】

> **4.2　文件要求**
>
> **4.2.1　总则**
>
> 知识产权管理体系文件应包括：
>
> a）知识产权方针和目标；
>
> b）知识产权手册；
>
> c）本标准要求形成文件的程序和记录。

注：本标准出现的"形成文件的程序"，是指建立该程序，形成文件，并实施和保持。一个文件可以包括一个或多个程序的要求；一个形成文件的程序的要求可以被包含在多个文件中。

【条文解读】

（1）本条款对企业知识产权管理体系的文件化提出了明确要求，规定了企业建立知识产权管理体系必须形成文件，且至少包括知识产权方针、目标、知识产权手册、文件化的程序和记录等文件。企业知识产权管理涉及各业务领域和工作模块，需要通过制度化的文件在企业内部贯彻落实，提高全员参与度，充分发挥全体员工的创造性和积极性。

（2）知识产权方针是企业开展知识产权工作的宗旨和方向。知识产权目标是企业在知识产权方面所追求的目的。

（3）知识产权手册是企业知识产权管理体系的指导性文件，应明确企业知识产权管理体系的内容、要求和过程。

（4）形成文件的程序和记录则要求在知识产权管理体系运行中要对知识产权的创造、运用、保护、管理等工作建立程序控制并形成文件，且对运行程序后输出的相关文件进行记录。

【实施建议】

（1）文件应当是经相关人员审批，并在企业内部正式实施和执行的文件。

（2）企业知识产权管理的方针和目标文件，可包括知识产权方针文件，企业知识产权的长期规划、中期规划、年度目标、年度工作计划等文件。这些文件应当由企业正式颁布实施，并形成档案，以便于检查和改进。

（3）企业为了保障知识产权管理体系的有效运行和实际执行，应当依据自身特点和实际情况，编制《知识产权手册》，将本企业的知识产权管理方针、目标、各类知识产权管理制度、知识产权管理流程、知识产权激励措施等，以及各岗位员工知识产权管理工作的内容、职责和要求汇集，在企业内部颁布和实施。

（4）一般来说，知识产权管理事项均应当有相应的程序或制度规范，可包括知识产权管理工作的总体要求，如知识产权管理办法、规定等；对特定知识产权事项的管理制度，如专利申请审批管理办法、商标注册审批管理办法、著作权管理办法、知识产权风险控制与纠纷应对处理办法等；对知识产权获取、运用的管理流程制度，如专利申请、商标注册审批流程，专利权商标权转让、许可、投资、质押等审批流程；对企业生产经营活动各个相关环节的知识产权事项管理流程，如研发活动知识产权管理流程，采购活动知识产权管理流程，生产活动知识产权管理流程，销售知识产权管理流程，技术、产品进出口知识产权管理流程，参展活动知识产权管理流程等；以及对员工的知识产权激励制度，如职工合理化建议奖励办法、职务技术成果奖励办法等。应当确保企业在生产经营中涉及的知识产权活动处于有效的制度规范之下。

（5）企业知识产权管理活动的记录，是用于考核和评价知识产权管理体系是否有效运行、知识产权管理制度是否有效执行、知识产权产权管理工作是否有效开展的有效证据，对于企业改进知识产权管理体系、完善知识产权管理制度起关键作用。因此，企业开展的知识产权关键管理活动都需要形成记录，使相关活动具有可追溯性和可分析性。记录可以是纸质文件也可以是电子文件。

【案例分析】

案例3-2：某企业的体系文件包括《知识产权手册》、程序文件和记录文件。手册中明确了知识产权方针（持续积累，合理布局，灵活运用，系统管理，稳固技术领先地位，提升市场竞争优势，为公司经营发展保驾护航）和知识产权目标（打造行业和地方知识产权标杆企业）。《程序文件清单》（见表3-1）中收录了18项规章制度和程序文件；《记录文件列表》中收录了53项记录，使企业在生产经营中涉及的知识产权活动有序、可控。

表3-1 程序文件清单

序号	名称	编号	部门
1	文件管理程序	IPR－CX01－2017	知识产权部
2	记录管理程序	IPR－CX02－2017	知识产权部

续表

序号	名称	编号	部门
3	法律法规及其他要求管理程序	IPR - CX03 - 2017	知识产权部
4	管理评审程序	IPR - CX04 - 2017	知识产权部
5	人力资源管理程序	IPR - CX05 - 2017	人事部
6	信息资源管理程序	IPR - CX06 - 2017	总裁办
7	知识产权获取管理程序	IPR - CX07 - 2017	知识产权部
8	知识产权维护管理程序	IPR - CX08 - 2017	知识产权部
9	知识产权运用管理程序	IPR - CX09 - 2017	知识产权部
10	知识产权风险管理和争议处理程序	IPR - CX10 - 2017	知识产权部
11	合同知识产权管理程序	IPR - CX11 - 2017	法务部
12	保密管理程序	IPR - CX12 - 2017	总裁办
13	立项和研发知识产权管理程序	IPR - CX13 - 2017	技术部
14	采购知识产权管理程序	IPR - CX14 - 2017	采购部
15	生产知识产权管理程序	IPR - CX15 - 2017	生产部
16	销售和售后知识产权管理程序	IPR - CX16 - 2017	销售部
17	内部审核管理程序	IPR - CX17 - 2017	知识产权部
18	知识产权奖励制度	IPR - ZD01 - 2017	总裁办

3.1.2.2 文件控制

【标准条文】

> #### 4.2.2 文件控制
>
> 知识产权管理体系文件是企业实施知识产权管理的依据，应确保：
>
> a) 发布前经过审核和批准，修订后再发布前重新审核和批准；
>
> b) 文件中的相关要求明确；
>
> c) 按文件类别、秘密级别进行管理；
>
> d) 易于识别、取用和阅读；
>
> e) 对因特定目的需要保留的失效文件予以标记。

【条文解读】

（1）本条款对知识产权管理体系的文件控制提出了要求，体系文件是企业知识产权管理的依据，而文件控制的有效性是体现知识产权管理是否规范的重要标志之一。

（2）知识产权管理体系文件无论在审核、批准和发布还是更新、分类、保存、使用等环节都需要进行管理，使不同阶段的文件、不同类别的文件、不同秘密级别的文件、不同效力的文件都得到有效控制，确保体系覆盖各部门使用的文件都是经过审批和授权的有效文件，确保知识产权管理体系文件的权威性和准确性。

（3）文件中的相关要求明确，是指知识产权管理体系文件中对体系所涉及要素、过程等内容的要求要明确，避免在同一文件或不同文件中，针对同一要素或过程出现相悖或模棱两可的词语，尽量采取科学、可量化的词语明确表达文件的要求，使员工阅读文件后能清楚地按照相关的要求执行操作，保证体系的正常运行。

（4）按文件类别、秘密级别进行管理。知识产权管理体系的文件，一般可参照标准要求按照文件级别划分为三级文件，第一级文件包括知识产权方针和目标，第二级文件包括知识产权手册、程序文件、规章制度等，第三级文件包括作业指导书、记录文件等，这三级文件对应不同的审批权限，体现了不同的权威性；按照文件管控性，通常划分为受控文件与非受控文件。按照文件密级，通常划分为秘密、机密、绝密，不同秘密级别的文件应按要求进行有效管理。

（5）易于识别、取用和阅读。为了便于文件的管理、查阅和追踪，避免发放过时文件，通常对文件实行编码管理，每一份文件对应唯一编号。另外，将文件制作成纸质版本或电子版本，便于取用和阅读。

（6）对因特定目的需要保留的失效文件予以标记。对于失效文件，企业通常是要回收甚至销毁的，但因特定目的需要保留的失效文件，必须要有明显的标记，以免造成作废文件的非预期使用。

【实施建议】

（1）企业建立的体系文件应在发布或更新发布前得到审核和批准。

（2）企业应根据自身需要，建立知识产权申请、维护、运用、奖励以及保密等各方面的内部控制程序，确保控制程序中的相关要求明确，并按要求进行管理；对知识产权管理体系内的所有文件应进行定期评审，以确保文件的适宜性和有效性。

（3）企业知识产权管理体系文件的管理，应根据文件类别及秘密级别的不同分别进行。例如，受控文件通常包含载有配方的单据、企业内部会议记录、试验数据、载有客户信息的合同、订单等；通常在文件封面上标注"受控文件"字样，控制发放的范围和数量，并填写发放记录，以便进行追溯。文件的存放应远离易燃、易爆物品，同时要有防火、防虫、防尘、防光、防霉、防潮、防高温、防有害气体等措施。而对于非受控文件，当失效或作废时，则不予回收或更新。

按照秘密级别分类，示例性分为秘密文件、机密文件、绝密文件。例如，秘密文件主要包括体系手册、程序文件、长期投资核算、外部会计报告、档案室普通文件、员工薪资表等。机密文件是重要的商业秘密文件，泄露会使公司的安全和利益遭受严重的损害，主要包括工艺流程图、工艺操作规程、营销计划、销售渠道、客户档案、人员调配方案、人员结构等。绝密级文件是最重要的商业秘密文件，泄露会使公司的安全和根本利益遭受特别严重的损害，主要包括技术配方、原材料和产品的编码方法、工程设计、经营决策、营销规划、促销方案、定价策略、成本核算、销售核算、项目投资策略、董事会会议记录及相关决议等。企业应根据自身情况识别并加强对涉密文件管理。

（4）对体系文件的编号应具有唯一性，文件修改、换版时，应按照文件的编号方法变更其修改码和版本号。文件的标记要清晰，文字内容要清楚，版面的大小要适宜，便于文件的取用和查阅。

（5）对因特定目的（如存档、展示等）需要保留的失效文件，应予以标记（如加盖"失效保留"章）后归档保管，避免失效文件的非正常使用，以保证体系运行的有效性。

【案例分析】

案例 3-3：某企业体系文件的编制、审核、批准和管理的权责分配示例如表 3-2 所示。

表 3-2　某企业体系文件的编制、审核、批准和管理的权责分配示例

体系文件	编制	审核	批准	管理部门
知识产权手册	由管理者代表组织各部门	管理者代表	总经理	知识产权部
程序文件	相关部门	管理者代表	总经理	知识产权部
与过程的策划、运行和控制有关的文件	相关部门	部门负责人	管理者代表	各归口管理部门
国际、国家、行业标准，法律法规等外来文件	—	—	—	知识产权部

该企业通过对体系文件的编制、审核、批准和管理设定不同的权责，在实现了程序性审批的同时也规范了管理。

3.1.2.3　知识产权手册

【标准条文】

4.2.3　知识产权手册

编制知识产权手册并保持其有效性，具体内容包括：

a）知识产权机构设置、职责和权限的相关文件；

b）知识产权管理体系的程序文件或对程序文件的引用；

c）知识产权管理体系过程之间相互关系的表述。

【条文解读】

（1）知识产权手册是为了便于全体员工阅读并获知相关知识产权管理规定与制度而编制的文件。

（2）对知识产权手册应定期进行评审，确保其有效性和适宜性，强调知识产权管理体系作为企业整个管理体系的组成部分，避免孤立和割裂，真正实现与企业内的各种管理运行活动的平衡和谐。

（3）知识产权手册一般应包括知识产权机构设置、职责和权限的相关文件，这部分内容主要体现在条文5.4.2"机构"的详细解读中。

（4）知识产权管理体系的程序文件可以在编制知识产权手册时直接被包含在手册中，也可以单独编制成册，但需要在手册的相关部分引用相关程序文件。

（5）知识产权管理体系过程之间相互关系的表述：将输入转化为输出的相互关联或相互作用的一组活动构成了一个过程，而相互关联或相互作用的一组过程则构成了一个体系。由于知识产权管理体系是多组过程的系统集合，一个过程的输出可能是另外一个过程的输入，如果不对所有过程之间的相互关系进行说明，过程之间的关系就会变得复杂，从而影响体系的系统性和完整性。

【实施建议】

（1）知识产权手册的编写，要根据行业特点、企业特点、企业知识产权管理所处阶段以及本标准的相关内容进行，使知识产权管理手册成为增强企业员工知识产权意识、普及知识产权文化的重要工具，有利于知识产权管理体系的理解和贯彻执行。

（2）需要特别注意的是，程序文件可以直接被包含在手册中，也可以单独成册，或其二者结合，若程序文件单独成册，则需在手册的相关部分标明引用关系。具体采用哪种方式，取决于企业体系的复杂程度以及对体系的预期管理成效，若体系复杂，涉及的部门和人员众多，建议单独编制，并在手册中清楚标明引用关系。

【案例分析】

案例3-4：某企业的《知识产权手册》，手册目录包括：前言、颁布令、企业简介、知识产权方针、目标、管理者代表任命书等。手册中给出了知识产权机构设置，明确了各部门的具体职责，并通过职能分配表清晰、直观地列出了各部门职责，同时在手册中规定了本标准各章节条款和控制要求，并明确程序文件间的引用和知识产权基础管理过程间的相互关系。手册目录示例如图3-1所示。

目录

0.1 颁布令……1
0.2 公司概况……2
0.3 管理者代表任命书……3
0.4 知识产权方针……5
0.5 知识产权目标……5
0.6 知识产权手册更改记录……6
1 目的和适用范围……7
2 知识产权手册说明……8
3 术语和定义……9
4 知识产权管理体系……9
5 管理职责……12
6 资源管理……18
7 基础管理……22
8 实施和运行……27
9 审核和改进……30
附录一 知识产权管理体系过程及其相互作用关系图……32
附录二 程序文件清单……33
附录三 公司知识产权管理体系组织机构图……34
附录四 岗位职责……35
附录五 知识产权管理职能分配表……36

图3－1 手册目录示例

3.1.2.4 外来文件与记录文件

【标准条文】

> **4.2.4 外来文件与记录文件**
>
> 编制形成文件的程序，规定记录的标识、贮存、保护、检索、保存和处置所需的控制。对外来文件和知识产权管理体系记录文件应予以控制并确保：
>
> a）对行政决定、司法判决、律师函件等外来文件进行有效管理，确保其来源与取得时间可识别；
>
> b）建立、保持和维护记录文件，以证实知识产权管理体系符合本标准要求，并有效运行；
>
> c）外来文件与记录文件完整，明确保管方式和保管期限。

【条文解读】

（1）本条款对外来文件与记录文件的控制提出了要求，并要求形成程序文件。

（2）对行政决定、司法判决、律师函件等外来文件进行有效管理，确保其来源与取得时间可识别。此处对"外来文件"进行了开放式的定义，除行政决定、司法判决、律师函件常见的三种外来文件之外，还包含其他类型，需要企业根据实际情况进行自主识别，如可将展会通知、培训通知等纳入外来文件范畴。外来文件的重要作用之一就是面对知识产权纠纷时，可以作为关键证据保护自身，因此必须确保其来源与取得时间可识别，避免出现不必要的差错，影响企业利益。

（3）建立、保持和维护记录文件，以证实知识产权管理体系符合本标准要求，并有效运行。知识产权记录文件，一方面，可以作为信息支持，为企业的体系运行提供支持，还可通过对记录文件的追溯和分析，为企业的生产经营活动和知识产权管理体系的持续改进提供依据；另一方面，可以作为信息证据，向认证机构或相关方证明企业的知识产权管理体系符合标准要求并能有效运行，还可以在将来面对知识产权纠纷时，用作呈堂证供，规避不必要的知识产权风险。

（4）外来文件与记录文件完整，明确保管方式和保管期限。正如前文所述，由于外来文件和记录文件在体系运行和知识产权纠纷处理方面存在追溯、分析、证据等重要用途，因此，保持文件完整，明确保管方式和保管期限尤为重要，可以在需要时及时方便地查阅和使用。

【实施建议】

（1）应根据企业的实际情况，清楚地界定外来文件所涵盖的文件类型和范畴，建议可以在《文件与记录控制程序》中明确外来文件的范畴。同时，明确各部门的管理职责，例如，可以规定知识产权部负责知识产权相关行政决定文件的管理，法律部负责司法判决和律师函件等外来文件的管理，避免管理混乱，确保来源和时间可识别；若委托代理机构代为管理外来文件，则需要在合同或其他载体（如邮件）中约定外来文件的管理要求，确保在需要时可以第一时间获得。

（2）记录可以采取文字、照片、电子媒体等方式，并对记录的形成、保管、使用按照企业的管理规定执行。

【案例分析】

案例 3-5：某企业对外来文件与记录文件管控规定如下：

第一条　本规定所指外来文件主要包括行政决定、司法判决、律师函等。

本规定所指知识产权管理体系记录文件主要包括依据《企业知识产权管理规范》和公司《知识产权手册》实施知识产权管理所形成的表单、记录等文件。

第二条　凡外单位发来的涉及专利、商标、著作权、商业秘密等的知识产权文件，由公司知识产权办公室统一登记，载明来文的单位、日期，并及时整理归档。

第三条　知识产权外来文件的传递、借阅，按照《知识产权管理体系文件管理规定》办理。

第四条　知识产权管理体系记录文件的建立、保持和维护应以《企业知识产权管理规范》和公司《知识产权手册》为依据，体现知识产权管理体系有效运行的标准和要求。

第五条　知识产权管理的有关制度、程序等管控规定，应制作正式文件，经公司领导批准后发布实施。相关工作流程，按照《知识产权管理体系文件管理规定》办理。

第六条　知识产权工作中形成的各种表单、记录应当及时进行分类整理，对需要保存的重要表单、记录及时进行登记存档。登记时应注明形成表单记录的部门、时间、保密级别。

第七条　外来文件与记录文件的相关电子文档应当及时清理，留存纸件的通常不再保留电子文档。确需保留电子文档的，应使用专门的电子储存设备并专门进行登记保管。

第八条　本规定未涉及的外来文件与记录文件的其他管理事项均适用《知识产权管理体系文件管理规定》。依据本公司编制的知识产权管理体系文件管理控制规定，对外来文件和记录文件的使用和保管予以控制，有关规定详见《知识产权管理体系文件管理规定》。

3.2 管理职责

3.2.1 管理承诺

【标准条文】

> **5.1 管理承诺**
>
> 　　最高管理者是企业知识产权管理的第一责任人，应通过以下活动实现知识产权管理体系的有效性：
>
> 　　a）制定知识产权方针；
>
> 　　b）制定知识产权目标；
>
> 　　c）明确知识产权管理职责和权限，确保有效沟通；
>
> 　　d）确保资源的配备；
>
> 　　e）组织管理评审。

【条文解读】

（1）本条款明确了最高管理者是企业知识产权管理的第一责任人，且最高管理者应通过开展特定的活动保证知识产权管理体系的有效性。

（2）最高管理者至少应当完成五个方面的工作：制定知识产权方针、制定知识产权目标、明确知识产权管理职责和权限并确保有效沟通、保障配备资源以及组织管理评审。

【实施建议】

（1）此处"最高管理者"是指知识产权管理的最高管理者，并不完全等同于一般意义的企业最高管理者。对于某些隶属于集团公司的企业而言，最高管理者（如总裁）往往只做企业发展方向的决策，不参与实际的管理，甚至只是名义上的最高管理者，在这种情况下，由总经理或 CEO 等企业实际管理者担任知识产权管理体系的最高管理者更合适。

（2）最高管理者可以是一个人或一个群体。根据企业实际经营管理情况，可由多人共同承担体系的最高管理者职责，共同决策。

（3）最高管理者任命管理者代表，由管理者代表代为行使部分管理职责。

（4）最高管理者应充分保障财务、人力、基础设施等方面资源的配置，要定期组织管理评审。

【案例分析】

案例3-6：某企业的实际出资人（法人）不直接参与企业的实际经营管理，遂指定其实际经营者（执行总裁）担任体系的最高管理者。该实际经营者在体系运行的过程中，行使最高管理者职权，充分参与各过程活动，有力地保障了体系的有效运行。

对于知识产权管理体系而言，如果企业的最高管理者不能充分了解企业实际情况并且参与具体的管理，很难有效履行标准要求的最高管理者的工作职责。

案例3-7：某企业的管理评审工作由管理者代表（分管财务的副总）代为负责，最高管理者并不参与，在体系运行过程中，各部门积极性不高，研发部门的贯标工作做得尤其不到位。

造成这种现象的原因主要包括：①最高管理者对其管理承诺职责不清，不能有效地推动体系运行，导致各部门消极对待知识产权工作，体系运行效果不理想；②管理者代表由于对企业的研发工作不熟悉，不能将知识产权目标合理分解下发给研发部门使其落地，同时也不能充分调动相关资源，导致研发部门工作不能充分开展。

3.2.2　知识产权方针

【标准条文】

5.2　知识产权方针

最高管理者应批准、发布企业知识产权方针，并确保方针：

a）符合相关法律法规和政策的要求；

b）与企业的经营发展情况相适应；

c）在企业内部得到有效运行；

d）在持续适宜性方面得到评审；

e）形成文件，付诸实施，并予以保持；

f）得到全体员工的理解。

【条文解读】

（1）本条款规定知识产权方针应由最高管理者批准、发布。

（2）知识产权方针是组织开展知识产权管理工作的指导思想、行为准则和奋斗目标，为组织所有的与知识产权管理有关的活动提供行动方向，并且为制定知识产权目标提供框架。

（3）知识产权方针的内容要求，包括一个"符合"、一个"适应"、一个"运行"和一个"评审"。

一个"符合"——符合相关法律法规和政策的要求；

一个"适应"——与企业的经营发展情况相适应；

一个"运行"——在企业内部得到有效运行；

一个"评审"——在持续适宜性方面得到评审。

（4）规定了知识产权方针的两个管理要求：一是要将方针形成文件；二是要向全体员工传达，确保充分理解方针的内容要求并有效实施。

【实施建议】

（1）最高管理者应结合企业的发展战略和本标准对方针的内容要求，在考虑企业整体经营方针和实际架构的前提下，组织和制定企业的知识产权管理方针。

（2）将方针形成文件，给出准确的诠释，通过具体的手段向全体员工传达，并确保对方针的正确理解。

（3）方针的内容不能空洞、不切实际、标语和口号化，更不能千篇一律没有辨识度，以能体现组织的独特价值观和企业文化为佳。

（4）让员工参与方针制定是一种提高员工参与度、让体系获得更高认可度的有效方式，如投票、有奖征集等。

【案例分析】

案例3-8：贵阳德昌祥药业的知识产权方针为：以德制药，以德治业，以精工精神传承传统工艺，以知识产权保护百年品牌。

知识产权方针的诠释：

德昌祥药业作为百年品牌，其经营理念为：以德制药，以德治业。

以德制药：君子爱财，取之有道。德昌祥药业坚守商业道德，不取不义之财。所制之药含量真实，疗效确切。以德制药，德在药中。

以德治业：君子以厚德载物。德昌祥药业遵崇守诚信、施仁爱、遵礼仪、明是非，与员工、客户、股东和社会和谐相处、共生共赢。

精工精神，是大国的核心竞争力。精工精神，也是德昌祥药业坚守的企业品德。第一，严格按照传统正宗的炮制方法进行药材炮制；第二，严把原料关，精选优质原料入药；第三，积极引入先进生产工艺，将传统炮制与高新技术完美结合。不断精益求精，追求卓越，用户至上，做精品，做德药，打造精工德昌祥。

德昌祥药业通过一百多年的研习和创新拥有大量秘不外传的优秀炮制工艺。进入市场经济时代后，德昌祥药业改制创新，奋力开拓，重新恢复中药老字号的品牌影响力，通过加强知识产权管理，内求业昌人祥，外求互惠共赢，助力提升品牌影响力。

德昌祥药业充分发挥现有的商誉积累和品牌优势，通过持续宣传、维护和经营，不断提升品牌影响力，保持公司的生命力和竞争力。该方针将企业的管理理念与知识产权工作有机融合，有很好的辨识度。

案例3-9：某果蔬保鲜公司的知识产权方针：知识产权创造保鲜财富，科技创新引领果蔬未来。该方针符合企业发展现状，特点鲜明，能指引企业知识产权工作的发展方向。

3.2.3 策划

3.2.3.1 知识产权管理体系策划

【标准条文】

> **5.3.1 知识产权管理体系策划**
>
> 最高管理者应确保：
>
> a）理解相关方的需求，对知识产权管理体系进行策划，满足知识产权方针的要求；
>
> b）知识产权获取、维护、运用和保护活动得到有效运行和控制；
>
> c）知识产权管理体系得到持续改进。

【条文解读】

（1）本标准要求最高管理者应了解企业知识产权管理现状，确保理解相关方（企业方、企业客户方、政府等）的需求，对知识产权管理体系进行总体策划，使其满足知识产权方针的要求。相关方的需求若未能得到满足，将会对企业的持续发展产生重大影响，故知识产权管理体系的策划是以理解相关方的需求为前提的。

（2）本标准要求知识产权管理体系策划时，最高管理者应确保体系在知识产权获取、维护、运用和保护等各主要的知识产权活动中得到有效运行，并形成有效控制。

（3）本标准要求知识产权管理体系策划时，最高管理者应确保知识产权管理体系得到持续改进。知识产权管理体系日常的持续改进包括企业内部建立知识产权管理绩效评价体系，并对各相关部门进行监督和考核；还包括通过定期的内部审核和管理评审，来持续改进知识产权管理体系，以确保其有效性。

【实施建议】

（1）体系策划是体系建立的重要环节，体系策划不等同于制度编写，应切实将知识产权管理体系的运行框架搭建起来，并逐步改进完善，建立适宜的考核机制。

（2）结合知识产权管理体系的需要，调整和完善组织机构设置；结合原有职责划分或原有组织架构确定的责任，补充有关知识产权管理的相关职责。

（3）体系策划的详解请参见本书5.2.1章节的相关内容。

3.2.3.2　知识产权目标

【标准条文】

> **5.3.2　知识产权目标**
>
> 最高管理者应针对企业内部有关职能和层次，建立并保持知识产权目标，并确保：
>
> a）形成文件并且可考核；
>
> b）与知识产权方针保持一致，内容包括对持续改进的承诺。

【条文解读】

（1）目标是指个人、部门或者组织所期望的成果。知识产权目标是企业在知识产权方面所追求的结果，可以是知识产权的数量目标、进度目标、质量目标、贡献目标等。

（2）针对"有关职能"建立目标，强调目标应根据部门职能进行分解，但并不要求体系覆盖的所有部门都形成部门知识产权目标。

（3）知识产权目标应当形成文件，并且可以通过定性或定量方式进行考核。

（4）知识产权目标应当与知识产权方针保持一致，符合组织经营发展的需求，并且应当包含持续改进的内容。

【实施建议】

（1）最高管理者组织相关人员制定知识产权目标。

（2）分层次建立知识产权目标，常见的方式包括将知识产权目标分为长期、中期以及年度目标。

（3）将年度目标分解到知识产权管理体系涵盖的相关部门，制定适合该部门实际情况的目标，最好与现有规章制度和工作职责吻合，降低推广难度。

（4）以定量或定性方式对目标进行考核。目标的设置应基于企业实际情况，不宜"过高"，超出企业实际能力或者未来一段时间的管理要求，也不应"过低"，起不到通过目标激励工作的目的。

（5）通过内部审核和管理评审对知识产权目标进行评价，并适时对其进行调整。如确有需求，也可以根据具体情况调整目标。

【案例分析】

案例3-10：某企业的知识产权目标包括长期目标、3~5年目标和年度目标，并就年度目标进行了分解。

知识产权长期目标：

把公司建设成为知识产权创造、运用、保护和管理水平行业领先企业。知识产权环境进一步完善，创造、运用、保护和管理知识产权的能力显著增强，知识产权意识深入人心，自主知识产权的水平和拥有量能够有效支撑企业发展，知识产权制度对企业发展促进作用充分显现。

3～5 年目标：

（1）知识产权管理的年经费达到 30 万元以上，并保持逐年递增 2% 以上；

（2）专利申请量每年增长 10% 以上，三年后专利量达到 50 件；

（3）申请注册商标 2 项以上。

2017 年年度目标分解：

研发部：提出 8 件专利申请、研发项目立项知识产权分析覆盖率 100%；

行政部：开展 4 次知识产权培训、新员工知识产权背景调查执行率 100% 、离职员工知识产权事项提醒执行率 100%；

财务部：设立知识产权经常性预算并进行决算；

采购部：供应商知识产权背景调查覆盖率 100% 、采购合同知识产权条款覆盖率 100%；

销售部：产品销售、宣传、参展前知识产权审查和分析率 100%；

生产部：工艺改进与创新评估率 100% ，委托加工合同知识产权条款覆盖率 100% 。

3.2.3.3 法律和其他要求

【标准条文】

> **5.3.3 法律和其他要求**
>
> 最高管理者应批准建立、实施并保持形成文件的程序，以便：
>
> a）识别和获取适用的法律和其他要求，并建立获取渠道；
>
> b）及时更新有关法律和其他要求的信息，并传达给员工。

【条文解读】

（1）遵纪守法是企业经营的基本要求，获取适用的法律和其他要求是体系建立并有效运行的基础。因此，本标准要求通过建立法律和其他要求控制程序来确保企业经营活动的规范性和有效性，并要求形成文件且应由最高管理者批准。

（2）应当根据组织的实际经营情况，识别和获取适用的法律和其他要求，例如，企业涉及商标活动应收集《商标法》，涉及专利申请应收集《专利法》等。

（3）建立稳定的法律和其他要求获取渠道，可包括政府部门、行业相关网站。

（4）及时更新以避免因参考过时的法律和其他要求而带来风险。

【实施建议】

（1）建议由专人负责收集适用的法律和其他要求。

（2）按照程序文件要求，定期更新。

（3）建立向员工传达有关法律和其他要求的机制，如一些企业把法律法规清单共享在企业内部信息化系统中，以实现有效分享与传达的要求。

【案例分析】

案例3-11：某企业识别并获取了适用的法律和其他要求，形成的《法律法规和其他要求清单》部分摘录如表3-3所示。

表3-3　《法律法规和其他要求清单》部分摘录

序号	法律法规名称	颁发部门	颁布日期	实施日期
1	中华人民共和国专利法	全国人民代表大会常务委员会	1984-03-12	1985-01-01（2008-12-27第三次修正）
2	中华人民共和国商标法	全国人民代表大会常务委员会	1982-08-23	1983-03-01（2013-08-30第三次修正）
3	中华人民共和国著作权法	全国人民代表大会常务委员会	1990-09-07	1991-06-01（2010-02-26第二次修正）
4	中华人民共和国专利法实施细则	中华人民共和国国务院	2001-06-15	2001-07-11（2010-01-09第二次修订）
5	中华人民共和国商标法实施条例	中华人民共和国国务院	2014-04-29	2014-05-01
6	中华人民共和国著作权法实施条例	中华人民共和国国务院	2002-08-02	2002-09-15（2013-01-16第二次修订）

序号	法律法规名称	颁发部门	颁布日期	实施日期
7	中华人民共和国知识产权海关保护条例	中华人民共和国国务院	2003－12－02	2004－03－01（2010－03－24修订）
8	最高人民法院关于审理侵犯专利权纠纷案件应用法律若干问题的解释（二）	最高人民法院审判委员会	2016－01－25	2016－04－01
9	最高人民法院关于审理专利纠纷案件适用法律问题的若干规定	最高人民法院审判委员会	2001－06－19	2001－07－01（2015－01－19第二次修正）
10	保护工业产权巴黎公约	保护工业产权巴黎联盟	1883－03－20	1985－03－19中国加入
11	专利合作条约	国际专利合作联盟	1970－06－19	1994－01－01中国加入
12	专利合作条约实施细则	世界知识产权组织	1970－06－19	2014－07－01（2016－10－11最新修订）
13	中华人民共和国广告法	全国人民代表大会常务委员会	1994－10－27	1995－02－01（2015－04－24修订）
14	展会知识产权保护办法	商务部、国家工商总局、国家版权局、国家知识产权局	2006－01－10	2006－03－01
15	中华人民共和国劳动合同法	全国人民代表大会常务委员会	2007－06－29	2008－01－01（2012－12－28修订）
16	中华人民共和国劳动法	全国人民代表大会常务委员会	1994－07－01	1995－01－01（2018－12－29第二次修正）
17	中华人民共和国反不正当竞争法	全国人民代表大会常务委员会	2017－11－04	2018－01－01

案例 3－12： 某公司将知识产权相关法律法规上传到公司办公系统中，

要求相关部门员工自行下载阅读学习，定期查看下载记录并以询问的方式考核对法律法规的了解情况，很好地提升了员工的法律意识。

3.2.4　职责、权限和沟通

3.2.4.1　管理者代表

【标准条文】

> **5.4.1　管理者代表**
>
> 　　最高管理者应在企业最高管理层中指定专人作为管理者代表，授权其承担以下职责：
>
> 　　a）确保知识产权管理体系的建立、实施和保持；
>
> 　　b）向最高管理者报告知识产权管理绩效和改进需求；
>
> 　　c）确保全体员工对知识产权方针和目标的理解；
>
> 　　d）落实知识产权管理体系运行和改进需要的各项资源；
>
> 　　e）确保知识产权外部沟通的有效性。

【条文解读】

（1）管理者代表应当来自最高管理层。

（2）适当时，最高管理者可兼任管理者代表。

（3）管理者代表被授权开展知识产权管理体系的部分管理工作，包括确保全体员工对知识产权方针和目标的理解、落实知识产权管理体系运行和改进需要的各项资源以及确保知识产权外部沟通的有效性。

（4）管理者代表应做好最高管理者和全体员工之间的沟通桥梁，向最高管理者报告知识产权管理体系绩效和改进需求，确保知识产权管理体系的建立、实施和保持。

【实施建议】

（1）最高管理者可任命最高管理层中负责知识产权业务或其他体系业务的负责人为管理者代表，如负责知识产权的副总、负责技术的副总等。

（2）管理者代表可通过定期的例会和管理评审会议向最高管理者汇报体系运行情况。

（3）管理者代表组织并管理内部审核工作。

（4）必要时，企业可根据自身情况设置多个管理者代表。

（5）管理者代表任命及职责的详解请参见本书5.2.1章节的相关内容。

3.2.4.2 机构

【标准条文】

> #### 5.4.2 机构
>
> 建立知识产权管理机构并配备专业的专职或兼职工作人员，或委托专业的服务机构代为管理，承担以下职责：
>
> a) 制定企业知识产权发展规划；
>
> b) 建立知识产权管理绩效评价体系；
>
> c) 参与监督和考核其他相关管理机构；
>
> d) 负责企业知识产权的日常管理工作。
>
> 其他管理机构负责落实与本机构相关的知识产权工作。

【条文解读】

（1）要求建立知识产权管理机构，并承担相关知识产权管理职责。

（2）配备知识产权工作人员，可以是专职或兼职工作人员，但必须要具备必要的专业能力；也可以委托专业的服务机构代为管理。

（3）知识产权管理机构的职责包括：制定规划、建立绩效评价体系并进行监督和考核工作、进行企业知识产权的日常管理工作。

（4）其他管理机构应当完成与本机构相关的知识产权工作，同时配合知识产权管理机构的工作。

【实施建议】

（1）知识产权管理机构是指实际承担知识产权管理职责的部门，当企业已有部门（如研发部）承担知识产权管理职责时，并不需要为了体系专门成立一个独立的"知识产权管理机构"，此时，该承担知识产权管理职责的部门（研发部）即可作为体系中的知识产权管理机构。

（2）从企业实际情况出发，制定适合的发展规划，建立适合的绩效评价体系。绩效评价体系并不与管理体系相同，更多是指绩效评价的一种机制。

（3）将知识产权年度目标和中长期目标分解到其他管理机构，并对其进行定性或定量的考核。

（4）如果企业知识产权活动较多，则可配备专职知识产权工作人员。

（5）知识产权工作人员的专业能力是最重要的考虑因素，鼓励其参加专业的培训，如专利信息检索、专利文件撰写、商标检索等。

【案例分析】

案例3-13：某制造型企业组织架构包括人力资源部、财务部、科技管理部、金属材料研究所、高分子材料研究所、设备研究所、物流中心、国内销售部、国外销售部、质量控制部和生产部11个部门。其中，科技管理部负责制定科技发展规划和创新体系、知识产权管理等相关工作，金属材料研究所、高分子材料研究所和设备研究所都是研发机构，产品线有所不同，质量控制部负责产品质量控制和质检。在策划知识产权管理体系时，基于科技管理部负责知识产权管理工作，将其定义为体系中的知识产权管理机构并承担相关职责。

3.2.4.3　内部沟通

【标准条文】

> **5.4.3　内部沟通**
>
> 建立沟通渠道，确保知识产权管理体系有效运行。

【条文解读】

建立沟通渠道，使管理流程更顺畅，提高管理的有效性；开展内部沟通是为了减少信息与理解的屏障，便于执行，提高管理的效率。

【实施建议】

（1）通过即时通信工具、电子邮件等方式建立沟通渠道。

（2）各职能部门可设立知识产权工作联络员。

（3）通过定期会议（如周例会、月例会、内部审核、管理评审等）的方式进行交流沟通。

【案例分析】

案例 3-14：某公司自贯标启动后，为提高管理效率、保障知识产权管理体系的有效运行，成立了知识产权工作推进小组，定期举行会议，并建立微信群，及时沟通出现的相关问题，建立了有效的沟通渠道。

3.2.5 管理评审

3.2.5.1 评审要求

【标准条文】

> **5.5.1 评审要求**
> 最高管理者应定期评审知识产权管理体系的适宜性和有效性。

【条文解读】

（1）本标准要求管理评审应当由最高管理者组织实施，管理评审是对知识产权管理体系运行适宜性和有效性的评审，是对企业知识产权管理体系运行的战略部署。

（2）管理评审的组织形式包括会议评审或其他利于开展的任何方式。

（3）管理评审旨在识别知识产权管理体系及知识产权方针和目标更新的需求、知识产权管理程序改进的需求、知识产权管理体系运行周期内各项资源的需求，以求进一步改进知识产权管理体系，满足相关方的需要。

【实施建议】

（1）定期组织管理评审，如每半年或每一年评审一次。组织管理评审的频率由最高管理者根据企业的经营情况和体系运行情况综合考虑决定，按既定的频次进行。

（2）管理评审的组织形式灵活，不一定局限于会议形式。如较大型企业，可以组织各个事业部或分公司在一定时间内分别进行管理评审，然后各部门或分公司将管理评审结果在总裁办公会上进行评审，并将评审结果在一定范围发布，督促各部门制定改进措施。

（3）可将管理评审的相关要求纳入企业总体的绩效考核。

（4）管理评审属于知识产权管理战略层面的评审，应着重关注知识产权管理体系的有效性和适宜性。

【案例分析】

案例3-15：某大型集团公司，体系覆盖人数3600多人，涉及总裁办、战略投资部、计划财务部、营销管理部等13个职能部门以及7个事业部。该集团公司下属的7个事业部独立运营，有独立的职能部门，包括研发、生产、销售、采购等各个二级部门。该集团公司在年度周期内用1个月的时间开展管理评审。先由集团公司总裁（最高管理者）组织管理者代表、副总裁及各单位领导召开会议并下发通知，各个部门和事业部按管理评审要求（包括输入时间、输入内容、分工负责人等）分别组织部门内的管理评审汇报工作，公司副总裁和各单位领导在总裁办公会上向总裁报告职责范围内的知识产权管理体系运行情况和持续改进的结果及需求。总裁办公会通过讨论决定知识产权管理体系的改进措施及资源需求的配置，并形成评审结论和改进决定，写入管理评审报告，管理评审报告由总裁签发并传达至各部门。管理者代表主持改进决定的下达，各责任部门组织有效实施，知识产权部负责对其实施的有效性进行跟踪验证，并保管管理评审的记录。

上述管理评审与总裁办公会相融合，是一种行之有效的管理评审组织形式。

3.2.5.2 评审输入

【标准条文】

5.5.2 评审输入

评审输入应包括：

a）知识产权方针、目标；

b）企业经营目标、策略及新产品、新业务规划；

c）企业知识产权基本情况及风险评估信息；

d）技术、标准发展趋势；

e）前期审核结果。

【条文解读】

管理评审前应策划好评审输入，标准中要求的五大项输入是基本要求。实施中要考虑这些输入是否充分，以保证管理评审的全面性和对企业持续发展的有效贡献。

【实施建议】

（1）依据评审输入内容的不同可安排不同的职能部门准备材料。

（2）知识产权方针、目标作为首要的评审输入指标，需评审体系运行周期内知识产权方针是否符合本标准相关要求，是否具有持续适宜性；对企业内部知识产权目标的实现和考核情况进行评审；对知识产权目标与知识产权方针的一致性进行评审，并根据评审情况保持持续改进。

（3）企业经营目标、策略及新产品、新业务的规划影响知识产权目标的实现，知识产权目标必须与知识产权方针保持一致。所以，一般情况下企业如有经营目标和策略的变化、新产品及新业务的规划，势必会影响知识产权方针、目标的实现。

（4）企业知识产权基本情况及风险评估的相关信息在某种程度上影响企业内部知识产权管理程序的改进。通过评审企业知识产权基本情况及风险评估信息，以确定体系运行过程中控制程序及资源改进的需求。

（5）通过评审技术、标准发展趋势，确定知识产权方针和目标的改进建议，确定体系运行中知识产权获取、维护、运用和保护等各主要活动的控制程序改进需求及资源的需求。

（6）前期审核结果。包括企业内部审核的情况、上年度第三方审核的结果。企业可参照评审结果查验改进和落实情况，其也可以侧面验证知识产权管理体系运行的有效性。

总体来讲，本标准中管理评审要求的输入内容，是紧紧围绕知识产权管理体系的适宜性和有效性展开的。

3.2.5.3　评审输出

【标准条文】

> **5.5.3　评审输出**
>
> 评审输出应包括：
>
> a）知识产权方针、目标改进建议；
>
> b）知识产权管理程序改进建议；
>
> c）资源需求。

【条文解读】

管理评审的输入是在体系运行周期内对企业经营情况和知识产权情况的总结和自查，管理评审的输出则是通过对输入的评审为知识产权管理体系的不断完善和改进提供改进建议和资源需求。

【实施建议】

（1）企业的经营目标、策略发生变化，或者出现新产品、新业务的规划，应通过管理评审调整企业知识产权方针和目标，以保持其适宜性。

（2）若通过管理评审发现需对知识产权管理程序进行改进，则应给出知识产权管理程序的改进建议，该建议可为对原有知识产权管理程序进行修改，亦可为建立一个新的管理程序。

（3）资源的需求是根据知识产权管理体系的运行情况，合理地配置人员、财力、基础设施等资源。

【案例分析】

案例3－16：某公司原经营范围包括产品A、产品B、产品C的研发设计、生产与销售，体系运行期间，由于公司业务调整，将产品C相关部门单独成立新公司运营。该企业在年度管理评审时将上述变动作为输入之一，形成新的企业经营目标、该目标仅与产品A与B相关，并以此为基础修订了知识产权方针与目标。

案例3－17：江苏某企业主要经营工程塑料，在体系运行周期内由于经营需要，准备进军欧洲市场。在年度管理评审中，销售部提出了进军欧洲市场的新业务规划。经过评审，该企业决定调整知识产权目标与知识产权获取计划，研发部调整研发过程的知识产权规划及研发策略，销售部调整销售前知识产权审查和分析的侧重点，重新制定知识产权保护和风险规避方案，并在市场监控程序中增加对欧洲市场的监控；法务部和知识产权部制定计划，拟对欧洲及各主要国家的知识产权法律、政策及执行情况、行业相关诉讼情况进行收集，分析可能涉及的知识产权风险；知识产权部拟定计划，将涉及知识产权的产品进行海关备案。

3.3 资源管理

3.3.1 人力资源

3.3.1.1 知识产权工作人员

【标准条文】

> **6.1.1 知识产权工作人员**
> 明确知识产权工作人员的任职条件，并采取适当措施，确保从事知识产权工作的人员满足相应的条件。

【条文解读】

企业需明确规定"知识产权工作人员"的任职条件，各岗位知识产权工作人员应满足其所在岗位的任职条件。任职条件是对人员能力的要求，可从教育水平、工作经验等方面进行设置。在需要时，企业可采取教育、培训等措施，确保知识产权工作人员满足任职条件的相关要求。

【实施建议】

（1）本标准中的知识产权工作人员包括从事知识产权工作的专职和兼职人员，如管理者代表、知识产权工程师、各部门的兼职知识产权人员、知识产权管理体系内审员等，企业应根据其岗位设置、职责要求、现有人员情况来设置不同岗位的知识产权工作人员任职要求。如内审员可考虑审核知识与能力的相关要求，知识产权工程师可考虑专利检索的相关要求。

（2）企业应对当前知识产权工作人员的能力与各岗位任职要求的符合程度进行识别与判断。

（3）企业可以通过培训、学习等措施确保从事知识产权工作的人员满足相关要求，现有人员仍不能满足要求时，可以招聘或选拔满足要求的人员。

【案例分析】

案例3-18：某公司知识产权工程师的任职条件和任职能力评价如表3-4所示：

表3-4　某公司知识产权工程师的任职条件和任职能力评价

某公司知识产权工程师的任职条件	某公司知识产权工程师夏××的任职能力评价
理工科本科及以上学历	提供《毕业证书》，夏××，××大学、材料学、本科学历
2年以上知识产权工作经验；参加过知识产权工程师培训	夏××于2011年1月在公司从事知识产权管理工作，在该岗位已工作5年。曾参加省知识产权工程师培训，《结业证书》，编号：×××Z201101030，日期：2011年11月
参加过专利申请检索、商标注册相关培训，或熟悉专利申请与检索、商标注册相关程序及要求	夏××于2012年参加"专利申请与检索相关程序及操作技能"培训，并通过考核；于2013年参加"商标注册相关程序"培训，并通过考核

该公司根据知识产权工程师岗位职责，从人员的技术领域、学历、工作经验和知识产权专业能力等方面做了具体要求，满足体系运行中关于知识产权工程师的相关要求。此处，知识产权工作人员的任职条件是否能够满足相应的要求，需要企业根据知识产权管理工作的具体要求自行判断。

3.3.1.2　教育与培训

【标准条文】

6.1.2　教育与培训

组织开展知识产权教育培训，包括以下内容：

a）规定知识产权工作人员的教育培训要求，制定计划并执行；

b）组织对全体员工按业务领域和岗位要求进行知识产权培训，并形成记录；

c）组织对中、高层管理人员进行知识产权培训，并形成记录；

d）组织对研究开发等与知识产权关系密切的岗位人员进行知识产权培训，并形成记录。

【条文解读】

企业开展知识产权宣传与培训活动是增强员工知识产权意识、提高企业知识产权管理水平的有效途径。

该条款分别针对知识产权工作人员、全体员工、中高层、研发人员等与知识产权关系密切的岗位人员提出了不同的培训需求，呈现出范围广、针对性强、进阶式的培训要求。针对知识产权工作人员的教育培训，需要制定培训计划并按计划执行；针对全员、中高层管理人员、与知识产权关系密切的岗位人员应按需求分别组织有针对性的知识产权培训，并保留培训记录。

【实施建议】

（1）企业可按年度制定培训计划，并组织各部门落实。

（2）参加教育培训的人员至少包括知识产权工作人员、全体员工、中高层管理人员、与知识产权关系密切的岗位人员，内容应根据不同的工作需求制定。

（3）企业组织教育培训的方式可根据企业的实际情况灵活选择，包括但不限于现场授课、在线培训、自主学习等。

【案例分析】

案例3-19：某企业2017年度知识产权培训计划如表3-5所示。

表3-5 2017年度知识产权培训计划

培训内容	培训对象	培训性质	培训时间	讲师
专利基础知识	全体员工	内训	2017.1	知识产权专员
专利挖掘的技巧	研发部、生产部	外训	2017.5	合作代理机构
专利侵权与纠纷案例	销售部、采购部	内训	2017.6	知识产权顾问

培训内容	培训对象	培训性质	培训时间	讲师
知识产权运营体系建设介绍	中、高层管理人员	外训	2017.8	官方组织的培训
国知局专利信息公共检索资源特点及使用方法	研发人员	在线	2017.9	国家知识产权局在线课程
如何提高专利申请文件的撰写水平	知识产权工程师	外训	2017.11	合作代理机构

拟制：张某，2017.1.5

　　上述培训计划针对不同的培训对象，根据不同的业务领域和岗位要求，制定不同的培训主题和内容，所组织的培训具有层次性和针对性，满足标准 6.1.2 中 a）、b）、c）、d）条款关于组织全体员工、中高层管理人员、研究开发等与知识产权关系密切的岗位人员进行知识产权培训的规定。

3.3.1.3　人事合同

【标准条文】

> **6.1.3　人事合同**
> 　　通过劳动合同、劳务合同等方式对员工进行管理，约定知识产权权属、保密条款；明确发明创造人员享有的权利和负有的义务；必要时应约定竞业限制和补偿条款。

【条文解读】

　　（1）企业应通过与员工签订劳动合同、劳务合同等方式对员工进行管理。

　　（2）应在劳动合同或劳务合同（或其补充协议）中约定知识产权权属和保密条款，明确发明创造人员享有的权利和负有的义务，必要时应约定竞业限制和补偿条款。

　　（3）企业应根据行业特点和实际经营情况识别是否需约定竞业限制和补偿条款，竞业限制和补偿条款的相关内容应符合《中华人民共和国劳动合同法》（以下简称《劳动合同法》）的相关规定。

【实施建议】

（1）该条款中的"员工"，应为企业全体员工，包括企业的正式员工、劳务派遣员工、临时工、实习生等。

（2）企业可以在劳动合同或劳务合同中约定本标准所要求的内容，也可以通过签署补充协议的方式来约定。如企业在体系运行前签署的劳动合同或劳务合同中未约定知识产权权属和保密条款等内容，可采取签署补充协议的方式来约定知识产权的相关条款。

（3）企业在体系策划时可根据自身需求识别约定竞业限制条款的"必要时"，如研发型企业可针对掌握企业核心技术秘密的核心员工（核心员工是指其创造绩效及对企业发展具有影响作用并在某方面"不可替代"的员工[2]）签署竞业限制协议和补偿条款，应注意竞业限制和补充条款的内容不能违反《劳动合同法》的相关规定。

【案例分析】

案例 3-20：浙江某公司与员工签订的《劳动合同书》中知识产权条款如下：

（1）乙方在公司任职期间利用本企业的物质技术条件所完成的发明创造为职务发明创造，职务发明创造申请专利的权利属于该单位，申请被批准后，该企业为专利权人，乙方享有署名权，负有保密义务。

（2）对职务发明创造的发明人或者设计人依甲方的规章制度给予一定物质和精神奖励。

案例 3-21：福建某公司与员工签订的《保密协议》，关于保密条款约定如下：

（1）乙方在甲方任职期间，必须遵守甲方规定的任何成文或不成文的保密规章制度，履行与其工作岗位相应的保密职责。

（2）乙方未经甲方同意，不得以泄露、告知、公布、出版、传授、转让、举报或者其他任何方式使任何第三者知悉属于甲方或者虽属于其他人，但对甲方承诺有保密义务的技术秘密和其他商业秘密，也不得在履行职务之外使用这些秘密信息。

案例 3-22：江苏某公司与员工林某签订的《竞业禁止协议》，关于竞业限制和补偿条款的约定如下：

（1）关于竞业限制条款 乙方无论因何种原因从甲方离职，自乙方离职之日起一年内，不得在中国大陆范围内自营与甲方同类的业务，也不得在与甲方生产、经营同类产品或提供同类服务的其他企业、事业单位、社会团体内担任任何职务。

（2）关于补偿条款 从乙方离职后开始，在竞业限制期间甲方给予乙方一定经济补偿，具体标准为乙方离开甲方前十二个月从甲方获得报酬总额的三分之一，期限按十二个月，支付方式为每月发放。

3.3.1.4 入职

【标准条文】

> #### 6.1.4 入职
>
> 对新入职员工进行适当的知识产权背景调查，以避免侵犯他人知识产权；对于研究开发等与知识产权关系密切的岗位，应要求新入职员工签署知识产权声明文件。

【条文解读】

（1）对于新入职员工应采取适当的方式进行知识产权背景调查，是指对于体系运行后所有新入职员工都需要进行背景调查，"适当的"理解为不同岗位采取不同的调查方式。

（2）对于研究开发等与知识产权关系密切的岗位，入职时还需签署知识产权声明文件。其中，入职知识产权声明一般包括入职前所从事职业简况、入职前与原服务单位有无知识产权纠纷、与原单位是否签署竞业限制协议，入职后是否愿意遵守本单位知识产权管理规定和保密规定等内容。

【实施建议】

（1）企业人力资源部应对所有新入职员工，开展知识产权背景调查，背景调查的方式可根据不同的岗位有所区别。背景调查的内容可包括入职之前是否申请过知识产权、是否签订过竞业限制协议等。调查方式可以为向新入职员工本人了解情况、与员工前雇主了解情况等。

（2）对于研究开发等与知识产权关系密切的岗位，入职时还需签署知识产权声明文件。

【案例分析】

案例3-23：某企业新入职员工知识产权背景调查表如表3-6所示。

表3-6 新入职员工知识产权背景调查表

编号：××××-××

姓名	吴×	入职部门	研发部	入职时间	2017.7.10
之前工作中涉及的知识产权情况介绍	在上家企业任职期间曾参加充电桩核心技术的研发，并于2014年申请了1项发明专利				
是否签署过竞业限制协议	已签署，竞业限制期限为一年（时间为从×年×月至×年×月）				
编制		审核		批准	
陈×	2017.7.10	杨×	2017.7.10	胡×	2017.7.10

案例3-24：某企业《知识产权声明书》如下：

声明人：吴某，声明内容如下：

①本人受聘于公司不会违反本人对前雇主的任何竞业限制义务，公司不会因雇用本人而引发任何诉讼。任何公司因雇用本人而引发的任何法律责任由本人承担。②本人理解公司的商业秘密保护制度，本人将严格保守公司的商业秘密。

关于知识产权声明文件，企业可根据知识产权管理和企业的具体情况约定相关内容。

3.3.1.5 离职

【标准条文】

> **6.1.5 离职**
>
> 对离职的员工进行相应的知识产权事项提醒；涉及核心知识产权的员工离职时，应签署离职知识产权协议或执行竞业限制协议。

【条文解读】

（1）对于体系运行后的所有离职员工，都需要进行知识产权事项提醒，"相应的"理解为不同岗位采取不同程度与不同内容的提醒。

（2）核心知识产权员工离职，如果已签署竞业限制协议，则履行竞业限制协议，如果未签署竞业限制协议，则应签署离职知识产权协议。

【案例分析】

案例 3 – 25：某企业离职员工谈话记录与离职提醒如表 3 – 7 所示。

表 3 – 7   离职员工谈话记录与离职提醒

编号：××××－××

姓名	王××	岗位	高级工程师	离职时间	2017.8.31
所涉及的知识产权内容		该员工在公司申请过 2 项实用新型专利			
离职相关事项提醒		员工对我公司所有知识产权内容承担保密义务，直至我公司宣布解密或者知识产权信息已公开为止。员工与我公司签有竞业限制协议，员工需履行竞业限制条款，否则将依法追究其相应责任			
人力资源部意见		知识产权管理办公室意见		管理者代表意见	
同意		同意		同意	
杨×	2017.8.31	吴×	2017.8.31	胡×	2017.8.31

3.3.1.6   激励

【标准条文】

> **6.1.6   激励**
>
> 明确员工知识产权创造、保护和运用的奖励和报酬；明确员工造成知识产权损失的责任。

【条文解读】

（1）企业应通过体系文件或者其他方式，明确员工知识产权创造、保护和运用的奖励和报酬，明确员工造成知识产权损失的责任。

（2）知识产权创造，主要是指企业自主的知识产权申请和获权过程；知识产权保护是指采取一定的措施保护企业自身的知识产权、防止侵犯他人知识产权；知识产权运用是指知识产权的实施、许可或转让等活动。

【实施建议】

（1）企业可以在手册、程序文件、管理制度或其他体系文件中明确知识产权创造、保护和运用的奖励和报酬，并明确员工造成知识产权损失的责任，做到赏罚分明。

（2）企业知识产权奖励和报酬的方式和数额，有约定从其约定，无约定则遵照《专利法实施细则》的相关规定执行。

（3）企业应执行上述规定，并留存相关证据。

【案例分析】

案例3－26：贵州某企业的《科技创新奖励办法》规定：

（1）关于知识产权创造：发明授权5000元/项，发明受理1000元/项，实用新型及外观授权800元/项；著作权登记、商标注册等其他知识产权，经评审后适当给予奖励，奖励额度不得超过发明专利各奖励等级的三分之一。

（2）关于知识产权运用：公司知识产权实施后一年内预计能形成直接或间接经济效益的，按实际产生的经济效益给予0.1%的奖励；公司知识产权许可或转让后一年内，按实际许可或转让的金额给予0.05%的奖励。

（3）关于知识产权保护：对公司现有的知识产权及时提供有影响的信息的，比如及时提供公司的专利、商标、商业秘密被他人侵权的信息的，经调查情况属实的，予以1000元/人的奖金。

（4）关于造成知识产权损失的责任：剽窃、窃取、篡改、非法占有或者以其他方式侵犯本公司知识产权的，或造成公司知识产权被侵犯的，由公司依据规定追究法律责任。构成犯罪的，及时向司法机关举报。侵害人为本公司员工的，应责令其改正，并应追究直接责任者和部门主要负责人的责任；造成损失的，应当依法承担赔偿责任。侵害人为非本公司员工的，应要求其停止侵害；造成损失的，应当依法赔偿损失；必要时，提请行政机关处理或通过司法途径解决。触犯刑法的，应依法追究其刑事责任。

3.3.2 基础设施

【标准条文】

> 6.2 基础设施
>
> 根据需要配备相关资源，以确保知识产权管理体系的运行：
>
> a）软硬件设备，如知识产权管理软件、数据库、计算机和网络设施等；
>
> b）办公场所。

【条文解读】

"工欲善其事，必先利其器"，基础设施是企业开展知识产权管理活动不可或缺的资源之一，基础设施包括软、硬件设备。软件设备通常指网络、知识产权日常管理软件、检索分析数据库等软件资源；硬件设备通常指办公场所、办公用计算机、打印机、保密设备、网络设备等硬件设施和设备。企业可根据知识产权管理的实际需求配置相关软硬件设备，以确保知识产权管理体系的运行。

【案例分析】

案例 3-27：为保障知识产权工作的有序开展，山东某企业为员工提供了办公场所及软硬件设施。办公场所包括办公室、会议室等；硬件设施包括计算机、打印机、电话、网络数据库等；软件设施包括办公信息系统 OA、Excel 软件等。体系运行后，为了加强研发环节对竞争对手状况、技术发展状况和知识产权状况的监控和分析，额外配置了知识产权专业管理软件。

3.3.3 财务资源

【标准条文】

> 6.3 财务资源
>
> 应设立知识产权经常性预算费用，以确保知识产权管理体系的运行：

a）用于知识产权申请、注册、登记、维持、检索、分析、评估、诉讼和培训等事项；

b）用于知识产权管理机构运行；

c）用于知识产权激励；

d）有条件的企业可设立知识产权风险准备金。

【条文解读】

（1）财务资源为企业知识产权工作的开展提供有效的经费支撑，企业应设立知识产权经常性预算费用，预算费用需要与企业知识产权工作的实际需求相匹配。企业各项知识产权工作的开展和落实都有赖于财务经费的支持，以确保知识产权管理体系的有效运行。

（2）知识产权经常性预算费用可用于知识产权申请、注册、登记、维持、检索、分析、评估、诉讼、培训、激励等事项及知识产权管理机构的运行。

（3）有条件的企业可根据实际需求设立知识产权风险准备金。

【案例分析】

案例3-28：广东某企业每年年初都会设立知识产权经常性预算费用，为知识产权管理工作的有效开展提供相应的经费保障。

该企业2017年度的知识产权费用预算如下：专利申请费3万元，商标注册费1万元，知识产权维护费10万元，知识产权检索分析费3万元，知识产权培训费2万元，知识产权激励费10万元，知识产权风险准备金10万元。知识产权管理机构运行费10万元并入年度研发预算中。

3.3.4　信息资源

【标准条文】

6.4　信息资源

应编制形成文件的程序，以规定以下方面所需的控制：

a）建立信息收集渠道，及时获取所属领域、竞争对手的知识产权信息；

b）对信息进行分类筛选和分析加工，并加以有效利用；

c）在对外信息发布之前进行相应审批；

d）有条件的企业可建立知识产权信息数据库，并有效维护和及时更新。

【条文解读】

信息资源是指企业开展知识产权工作的相关信息。企业对知识产权信息的收集和分析利用，贯穿于企业知识产权工作的各个环节，与企业的人力资源、基础设施资源、财务资源共同构成企业开展知识产权工作不可或缺的基础资源。

（1）企业应编制形成文件的程序，实现对本条款中四个方面的控制。

（2）企业在收集知识产权信息时，首先需要建立收集渠道，及时获取所属领域和竞争对手知识产权信息。企业可以根据行业特点和实际需求建立信息收集渠道。

（3）企业要对所获取的信息进行分类筛选和分析加工，得到有价值的信息，并加以利用。

（4）企业可根据企业自身能力和知识产权工作的实际需求选择建立知识产权信息数据库，定期更新相关知识产权信息，并进行有效维护。

（5）企业在对外信息发布之前需要审批，以防泄密，给企业带来不必要的损失。

【案例分析】

案例3-29：浙江某企业购买了专业知识产权信息系统，知识产权工程师在该系统中建立了所属领域和竞争对手的专题数据库，每半个月会更新专利数据库一次，收集最新的知识产权信息，并对信息进行分析加工，形成行业和竞争对手的知识产权信息分析报告，并将报告提交给管理层和研发部门，为企业的科技创新和经营活动提供重要参考。

3.4 基础管理

3.4.1 获取

【标准条文】

> 7.1 获取
>
> 应编制形成文件的程序，以规定以下方面所需的控制：
>
> a) 根据知识产权目标，制定知识产权获取的工作计划，明确获取的方式和途径；
>
> b) 在获取知识产权前进行必要的检索和分析；
>
> c) 保持知识产权获取记录；
>
> d) 保障发明创造人员的署名权。

【条文解读】

（1）本条款对于知识产权获取过程做了规定：一是要形成程序文件；二是程序文件中应包括四个方面的要求，即制定知识产权获取的工作计划、在获取知识产权前进行检索分析、保持知识产权获取的记录和保障职务发明人员的署名权。

（2）关于知识产权获取的工作计划，应与企业制定的知识产权目标相适应，以保证目标的顺利实现。在知识产权获取的工作计划中，应明确获取的方式和途径，对于专利来讲，可通过自主研发或者是从外部引进，如进行自主研发，具体落实到哪些部门，企业的哪些研发项目中；如从外部引进，根据企业经营目标、策略、产品等，引进哪些方面的技术、专利等。

（3）关于在获取知识产权前进行必要的检索和分析，主要是指在申请专利、注册商标等活动前，进行现有技术的检索，分析评估以获得稳定的、保护合理的知识产权。

（4）关于保持知识产权获取记录，是指企业应保留知识产权获取过程中的完整记录，包括技术交底书、技术资料以及与国家知识产权局以及商标局、代理机构交流过程中的完整记录，做好存档和管理工作。未来发生纠纷时，可作为强有力的证据使用。

（5）关于保障发明创造人员的署名权，是指在申请专利确定发明人时，应体现对该发明创造做出实质性贡献的人员。

【实施建议】

企业应制定程序文件，明确职责划分，落实责任人员，对标准中所要求的四项活动进行控制，使企业发生相关活动时有程序可依。

（1）根据知识产权目标，制定知识产权获取的工作计划，明确获取的方式和途径。

企业制定的知识产权目标，是企业知识产权工作的发展方向，代表了企业的意志和愿望。知识产权获取的工作计划，要以知识产权目标为依据，知识产权获取工作计划可以从知识产权数量、类型、技术领域、寻求知识产权保护的国家或地区、获取的进度计划等方面着手，进行周密的知识产权布局。根据企业的知识产权目标制定知识产权获取工作计划在一定程度上可以避免研发时无目的性，知识产权获取时的随机和随意性。如申请专利时只针对具体的创新点进行专利保护，而忽视对上下游、相近技术等进行周密的专利布局；注册商标时只关注自身目前的经营范围，而忽视类似商标、相近经营领域的商标布局等。

在专利方面，辉瑞公司对于立普妥的专利获取计划是一个典型的案例。在研发完成后，辉瑞公司采用了周密的专利保护与法律策略。立普妥拥有消旋体、单一异构体专利，后续还申请了制剂、晶型、复方等外围专利，进一步延长保护期。辉瑞以专利保护为基础，维持了专利保护期内的垄断地位。同时通过积极的营销策略，使立普妥的销售额节节攀升。2004 年销售额为 121 亿美元，2008 年达到 136 亿美元（数据来源：IMS 公司）。立普妥已经成为单药销售世界冠军[4]。

企业在具体制定知识产权获取工作计划时，应深入研发等与知识产权关系密切部门进行调研，掌握企业获取知识产权的能力与需求，在此基础上制定计划。根据管理流程，对各相关部门下达任务指标，并按期进行考核，作为各相关部门的绩效考核指标之一。如企业技术能力暂时达不到要求，也可通过从外部购买、许可等方式完成目标。

在知识产权获取过程中，企业可委托专业的知识产权服务机构，更加高效、全面、准确地获取知识产权，如企业自身能力具备，也可自行进行知识产权的申请、注册和登记。

（2）在获取知识产权前进行必要的检索和分析，以专利为例，专利获取前一般指企业申请专利前。

《专利法》第二十二条规定：

"授予专利权的发明和实用新型，应当具备新颖性、创造性和实用性。

"新颖性，是指该发明或者实用新型不属于现有技术；也没有任何单位或者个人就同样的发明或者实用新型在申请日以前向国务院专利行政部门提出过申请，并记载在申请日以后公布的专利申请文件或者公告的专利文件中。

"创造性，是指与现有技术相比，该发明具有突出的实质性特点和显著的进步，该实用新型具有实质性特点和进步。

"实用性，是指该发明或者实用新型能够制造或者使用，并且能够产生积极效果。

"本法所称现有技术，是指申请日以前在国内外为公众所知的技术。"

因此，需要对现有技术的情况做详细的调查分析，掌握企业专利与现有技术之间的区别，从而撰写出高质量、保护范围适宜的专利，进而获得合理、稳定的专利保护范围。

对于该阶段的检索分析，范围应尽量广，专利文献检索与非专利文献检索同等重要。因为现有技术，是指申请日以前在国内外为公众所知的技术，并非仅针对专利文献。

此外，保存完整的检索报告，是一种组织记忆的过程。建立完善的检索报告管理制度，既可以不断优化和完善检索式，提升检索能力，也可避免内部重复检索，使检索结果具有延续性和可追溯性。

对于商标来讲，《商标法》第十一条规定：

"下列标志不得作为商标注册：

"（一）仅有本商品的通用名称、图形、型号的；

"（二）仅直接表示商品的质量、主要原料、功能、用途、重量、数量及其他特点的；

"（三）其他缺乏显著特征的。

"前款所列标志经过使用取得显著特征，并便于识别的，可以作为商标注册。"

至 2017 年年底，中国商标累计申请量 2784.2 万件，累计注册量 1730.1 万件，有效注册商标量 1492.0 万件，连续 17 年位居世界第一[5]。商标数量已经极为庞大，企业在进行商标注册前，应进行检索分析，充分了解是否有相同或相近的商标，对于想要注册的商标进行显著性的评估，从而提高注册成功率，规避风险。

（3）保持知识产权获取记录。知识产权获取的记录，以专利为例，包括研发和生产过程的记录，技术交底书以及补充材料，检索分析记录，企业与代理机构、国家知识产权局等行政管理部门之间的往来公文、缴费凭证以及证书等。在专利审查过程中，涉及审查意见答复时，如对于知识产权获取记录进行了有效管理，可提高工作效率与答复水平。此外，如未来企业遇到专利无效纠纷、专利侵权纠纷或专利权属纠纷时，都可以作为强有力的证据使用，有利于维护专利稳定性和企业自身权益。

（4）保障发明创造人员的署名权。《专利法》第十七条规定，"发明人或者设计人有权在专利文件中写明自己是发明人或者设计人"。同时，《中华人民共和国专利法实施细则》（以下简称《专制法实施细则》）第十三条规定，"专利法所称发明人或者设计人，是指对发明创造的实质性特点做出创造性贡献的人"。

企业在申请专利时，应保障为发明创造实质性特点做出创造性贡献的人员的署名权，也就是在申请专利时，列为发明人的权利。署名权是对工作人员的一种精神鼓励，同时也是获得物质奖励和报酬的依据。保障职务发明人员的署名权，对于激发员工进行技术研发、改进，提高企业效益，获取更多知识产权有重要作用。

有许多因未在申请专利时为发明创造人员署名而产生的纠纷。这类纠纷一旦发生，对于企业的声誉、发展将产生不良影响。企业应切实保障发明创造人员的署名权。

【案例分析】

案例 3-30：企业 A 在研发项目 X 完成后，撰写技术交底书时，进行专利检索分析，发现该研发项目的主要技术创新点已被某专利 B 公开，若企业 A 就研发项目 X 目前的研究成果来申请专利，被驳回的可能性很大。同时，若企业 A 以该研究成果为基础进行产品的生产和销售，则存在极大的侵权风险。为此，该项目研发人员对该研发项目 X 重新进行了开发设计，规避了该专利 B 的保护范围。同时，将该专利 B 的专利权人列为竞争对手之一，对该专利权人的知识产权信息进行重点监控，评估其对企业未来发展的影响。

在该案例中，若企业 A 未进行检索即以原有研发成果申请专利，则可能的不利后果有两个：一是申请的专利被驳回，二是按原研究成果进行新产品的生产、营销，会侵犯专利 B 的专利权，使企业投入的大量人力和物力成本遭受重大损失，对企业声誉造成重大影响，同时在市场竞争中处于劣势地位。

3.4.2 维护

【标准条文】

> **7.2 维护**
>
> 应编制形成文件的程序，以规定以下方面所需的控制：
>
> a）建立知识产权分类管理档案，进行日常维护；
>
> b）知识产权评估；
>
> c）知识产权权属变更；
>
> d）知识产权权属放弃；
>
> e）有条件的企业可对知识产权进行分级管理。

【条文解读】

（1）本条款对于知识产权维护过程做了规定：一是要形成程序文件；二

是程序文件中要建立知识产权管理档案，进行知识产权评估，记录知识产权权属变更、放弃，如企业认为需要，还要对如何进行分级管理做出规定。

（2）建立知识产权分类管理档案，进行日常维护：是指企业应设立专门的机构或者由专职人员负责，按不同类别知识产权的特点，建立各类知识产权管理的台账，形成动态管理机制，定期查看本企业知识产权的状态。对需要维持的知识产权，应当按照我国有关法律法规的规定，及时办理相应的缴费手续（如按时缴纳专利年费、办理商标续展手续等）。每一项手续的办理都要办理审批记录、办理登记记录，并形成管理档案以备查考。

（3）知识产权评估：属于企业资产评估的范畴，它用来确定知识产权现在的价值和通过未来的效应所得到的价值。

（4）知识产权权属变更、放弃是指对知识产权权属的变更、放弃等建立评估、审批流程，规范化运行。

（5）对知识产权进行分级管理。该条款非强制性要求，企业可根据自身情况选择实施，评估拥有的知识产权的重要性，按核心、普通等方式进行分级，进行差异化管理。

【实施建议】

（1）建立知识产权分类管理档案，进行日常维护。企业的知识产权成果要想获得完善的维护，应建立一套完整的知识产权申请程序和知识产权档案管理方案。

在各种类型的知识产权中，尤其需要注意专利的维护。由于专利文件种类繁多，进程复杂且周期长，专利档案的管理问题显得非常突出，因此需要建立系统的专利档案管理制度以充分发挥这些文件的作用，并且防止过程中的疏忽而导致权利丧失或者利益受损。企业专利档案包括：将要申请专利的技术文件档案、处于审查过程中的专利申请文件档案、已授权专利文件档案、专利许可转让文件档案、专利质押融资文件档案、专利评估文件档案、专利诉讼无效文件档案、专利侵权纠纷文件档案等。

对于专利数量不多的企业，可采取建立不同的分类表格分类保存文档的方式进行管理。文档可按每条专利或者处于不同阶段的专利分类。分类表格中的统计内容应体现专利的专利号（申请号或公开号）、专利名称、申请日、公开日、授权日、发明人、法律状态、待办事项、年费缴纳日期、相关联的企业产品、实施情况、专利等级等内容。对于专利数量较多的企业，建议引进专业数据库，对企业专利进行科学的、规范的管理。

企业专利工作者可以利用这些维护档案，对企业历年的专利申请与授权情况、实施情况、年费缴纳情况、专利奖酬情况、专利技术评估情况、专利纠纷情况、被侵权情况等企业自身专利的整体情况定期进行分析，针对专利的管理及实施运用等方面，向企业管理层提供准确的数据和合理的建议。

商标、著作权、集成电路布图设计、商业秘密等知识产权的日常维护管理等，可借鉴专利管理思路，根据其类型和特点进行日常维护。

（2）知识产权评估。知识产权是企业的无形资产，与货币、地产、设备、厂房等有形资产一样，可以作为资产进行出资、增资和融资。进行知识产权评估，主要作用有[6]：

1）利用无形资产质押贷款（商标权、专利、版权等质押贷款）、工商注册、增资扩股、参资入股、许可使用、转让、租赁承包、清算拍卖等；

2）提高品牌知名度，外展企业实力，增强凝聚力；

3）企业利用无形资产的运作与国际标准接轨，进而打入国际市场；

4）保护知识产权的需要，为企业打假、侵权、诉讼提供索赔依据；

5）摸清家底，为经营者提供管理信息合理配置资源；

6）项目融资、合资合作、企业兼并、收购、吸引投资；

7）无形资产可以增加注册资本金；

8）无形资产还可以按照规定年限税前摊销。

依据财政部、国家知识产权局《关于加强知识产权资产评估管理工作若干问题的通知》，以及《专利法》《商标法》《著作权法》《中华人民共和国担保法》《国有资产评估管理办法》等有关规定，知识产权占有单位符合下列情形之一的，应当进行知识产权的资产评估：

"（一）根据《公司法》第二十七条规定，以知识产权资产作价出资成立有限责任公司或股份有限公司的；

"（二）以知识产权质押，市场没有参照价格，质权人要求评估的；

"（三）行政单位拍卖、转让、置换知识产权的；

"（四）国有事业单位改制、合并、分立、清算、投资、转让、置换、拍卖涉及知识产权的；

"（五）国有企业改制、上市、合并、分立、清算、投资、转让、置换、拍卖、偿还债务涉及知识产权的；

"（六）国有企业收购或通过置换取得非国有单位的知识产权，或接受非国有单位以知识产权出资的；

"（七）国有企业以知识产权许可外国公司、企业、其他经济组织或个人使用，市场没有参照价格的；

"（八）确定涉及知识产权诉讼价值，人民法院、仲裁机关或当事人要求评估的；

"（九）法律、行政法规规定的其他需要进行资产评估的事项。

"非国有单位发生合并、分立、清算、投资、转让、置换、偿还债务等经济行为涉及知识产权的，可以参照国有企业进行资产评估。"

需要注意的是，上述应当进行知识产权资产评估的情形中，知识产权评估应当依法委托经财政部门批准设立的资产评估机构进行评估。此时，对于企业的知识产权管理人员来讲，需要识别出上述情形，按照规定委托专业、合规资产评估机构进行评估，并及时将评估结果报企业管理层审批。

在进行其他类型的知识产权评估时，如评估专利为企业带来的效益与维护成本，并决定是否继续维护，可在公司内部进行。此时，应依照建立的程序文件进行评估。如由企业知识产权管理部门牵头，组织技术研究开发部门的技术人员、市场营销部门的销售人员、法务部门的法律工作人员等开展评估工作。

（3）知识产权权属变更、放弃。知识产权权属变更，是指权利人的名称或其他信息的变更。企业因转让或受让专利、合并、重组或自身需要而需要变权利人名称等信息时，为维持权利的一致性和有效性，应及时到知识产权行政管理部门做变更手续。

知识产权权属的放弃，以专利为例，由于专利权维持需要一定的成本，即使该专利权仍在法定的保护期限内，但若对于企业的发展已没有太大价值，企业也可以选择主动放弃该专利权。在放弃专利权时，需要慎重考虑，全面衡量，需要考虑的因素通常包括技术发展状况和相关产品的市场情况等。

企业知识产权权属的变更或放弃应有充足的理由，一般报企业管理层研究审批后执行。企业的知识产权管理部门应慎重处理放弃、变更知识产权的行为，以免对企业知识产权造成损失。

（4）知识产权分级管理。该条款非强制性要求，企业可根据自身知识产权情况选择执行。企业评估拥有的知识产权的重要性，按核心、普通等分类方式进行分类，进行差异化管理。对于核心知识产权，在申请、维护、运用、宣传、推广等活动中重点关注。

【案例分析】

案例 3-31：某制造型企业拥有数百项专利，每年专利年费支出数十万元，给企业带来较大负担，通过对已授权专利的实施情况进行维护和监控，梳理企业已有专利，对其实用价值进行评估，将不再是企业主营产品对应的专利做放弃或者转让处理，减轻了企业负担。

3.4.3 运用

3.4.3.1 实施、许可和转让

【标准条文】

> **7.3.1 实施、许可和转让**
>
> 应编制形成文件的程序，以规定以下方面所需的控制：
>
> a）促进和监控知识产权的实施，有条件的企业可评估知识产权对企业的贡献；
>
> b）知识产权实施、许可和转让前，应分别制定调查方案，并进行评估。

【条文解读】

（1）本条款对于知识产权实施、许可、转让过程做了规定：一是要形成

程序文件；二是实施过程中应进行哪些管理活动；三是许可、转让过程中应进行哪些管理活动。

（2）知识产权的实施是把知识产权变成产品，为企业营利。实施可以是自己生产，也可以是通过许可、转让等方式由他人来实施。企业应促进知识产权的实施，并对实施情况进行监控。有条件的企业可评估知识产权对于企业盈利的贡献。

（3）在知识产权实施、许可和转让前，企业应进行调查、评估，确定合理的估值区间。

【实施建议】

企业知识产权运用模式包括企业自己实施知识产权的技术方案，知识产权转让、许可、质押贷款、作价入股、受让后再经营、联盟、标准化等多种形态。

（1）知识产权实施。企业的建立是以获得盈利为最终目的的，企业花费大量人力、物力和财力，进行研究开发，取得了研究成果，获得了知识产权保护，其最终的目的是要转化为产品或防止他人转化为产品、为企业带来效益。因此，应当促进知识产权的实施。这也是企业知识产权部门的工作业绩的体现。同时，知识产权是企业财产，定期对企业知识产权的实施情况进行监控、管理，也是摸清家底，合理进行资产管理的需要。

（2）知识产权许可。知识产权许可是指权利人作为许可方在知识产权有效期内，许可被许可方在一定时间和范围内使用其知识产权，由此获得利益的知识产权运用方式。许可类型包括独占许可、排他许可、普通许可等。

以专利为例，专利许可又称专利实施许可，是指专利权人作为许可方在专利权有效期内，许可被许可方在一定时间和范围内实施其专利，由此获得专利使用费的经营方式。

专利许可包括独占许可、排他许可、普通许可、分许可、交叉许可等不同种类。在不同类型的许可模式中，被许可方享有的权利是不同的。

独占许可，指专利权利人许可被许可方在一定的条件下对专利拥有独占使用权的行为。采用这种许可时，专利权人和任何第三方都不得在约定的地域和期间内使用被许可专利，但专利权人仍拥有该专利的所有权。

排他许可，指在一定的条件下，专利权人只许可一家单位或个人作为被许可方使用其专利的行为。采用这种许可时，专利权人保留自己使用其专利的权利。

普通许可，指在一定的条件下，专利权人许可一家单位或个人使用其专利，同时保留许可其他单位或个人使用其专利和自己使用其专利的行为。

分许可，是指在一定的条件下，专利权人许可被许可方再许可他方实施专利的行为。一般情况下前一许可是独占或排他许可，后一许可是普通许可。

交叉许可也称互惠许可、互换许可，是指双方当事人对各自的专利互相许可对方实施的行为。不同于上述各种单向许可形式，交叉许可是一种双向许可形式，通常是在双方都需要使用对方的专利技术时，相互有条件或者无条件地容许对方使用己方的专利技术。

另外，专利许可还有两种特殊许可模式。一种是专利池许可，是指联盟内部成员将各自的专利组合和搭配在一起，形成专利池后，在联盟内部实行交叉许可，在联盟外部实施普通许可的行为。专利池许可与联盟密切相关，它是一种特殊的专利许可形式。另一种是强制许可，是指在法定的特殊条件下，未经权利人的同意，他人可以在履行完毕法定手续后取得实施专利的许可，但仍应向专利权人缴纳专利实施许可费。我国目前尚未有强制许可案例。

商标权、著作权的许可也可分为独占许可、排他许可、普通许可等几种形式。很多采用加盟连锁经营方式的企业，通常都包括商标许可，其许可形式采用普通许可，即将商标提供给若干的加盟商使用，在快速扩大经营的同时迅速提升自身商标的价值。

知识产权的许可虽然只是使用权的转移，但是对许可方而言也存在一定的风险。实施前，需要制定调查方案，结合被许可企业的能力、产品和技术的市场需求、技术的先进程度、许可策略、许可价格等进行综合分析评估。如作为被许可方，还应调查知识产权权利的法律状态和稳定性等。

（3）知识产权转让。专利和商标转让包括专利权、商标权的转让和申请权转让，是指转让方将其所拥有的专利权、商标权或申请权转让给受让方，由此获得转让费的知识产权运用方式。

知识产权的转让是所有权的转让，需要事前对知识产权标的的市场前景、法律状态、转让方式和转让价格等进行综合考量，为最终的谈判、决策提供依据。如企业自身能力有限，该调查评估可委托外部专业机构进行。

另外，根据国家有关法律的规定，知识产权的许可和转让，应签订协议，到行政管理部门进行备案。如不进行备案，会导致协议无效或者不能对抗善意第三人的风险。

【案例分析】

案例3-32：国内某医药企业L，在寻求许可生产某国际医药巨头N的某专利药品时，最初该国际医药巨头N提出的专利许可费为产品售价的20%。该医药企业L对国际医药巨头N在中国的涉及专利的法律状态进行了调查评估。发现涉及的专利虽然在中国已被授权，但在欧洲专利局的同族专利已被驳回。因此，在谈判实施许可的同时，该医药企业L对涉及的中国专利提起无效宣告，迫使该国际医药巨头N的许可费谈判从售价的20%一路降低，直至以允许该医药企业L免费实施该专利技术生产药品为条件，要求企业L撤回对其专利的无效宣告请求。从而为企业节省了大量成本，创造了可观的经济效益。

3.4.3.2　投融资

【标准条文】

> #### 7.3.2　投融资
>
> 投融资活动前，应对相关知识产权开展尽职调查，进行风险和价值评估。在境外投资前，应针对目的地的知识产权法律、政策及其执行情况，进行风险分析。

【条文解读】

（1）投融资活动，对企业来说关系重大，应慎重对待。如涉及知识产权，应自己或借助外部力量对相关知识产权开展尽职调查，进行风险和价值评估，规避知识产权风险。

（2）在境外投资前，除应对相关知识产权开展尽职调查进行风险和价值评估外，还应调查目的地的知识产权法律、政策及其执行情况，进行风险分析。

【实施建议】

投融资中的相关知识产权可分为知识产权质押贷款、技术入股、知识产权融资租赁、知识产权担保等多种形式。企业通过各种投融资活动，积极进行知识产权运用，使知识产权不再只是"烧钱"的部门，而成为能够盈利的部门。

企业在投资融资活动前，如其涉及知识产权，应在进行尽职调查时，对涉及的知识产权进行价值评估和风险评估。此部分内容可以单独进行，也可以和投融资活动的其他尽职调查一起进行。由于专业性较强，可委托专业机构代为进行。另外，如上所述，在某些知识产权投融资活动时，知识产权评估应当依法委托经财政部门批准设立的资产评估机构进行评估。

价值评估的方法包括成本法、市场法、收益法和期权法等，不同的方法在使用时有不同的特点，企业应根据自身需求选择适宜的方法。风险评估的内容包括：知识产权价值波动风险、评估机构风险、知识产权变现风险、知识产权权属的法律稳定性风险等。

如为境外投资，应针对目的地的知识产权法律、政策及其执行情况，进行风险分析。分析内容包括：该地区与标的知识产权相关的法律规范是否健全、知识产权保护范围、保护严格程度、侵权赔偿数额、诉讼时间、执行难易程度等。

【案例分析】

案例 3-33：2014 年 2 月，山东泉林纸业有限责任公司以 10 件专利、34 件注册商标等为标的物，获得国家开发银行牵头银团的 79 亿元银行贷款。在这次质押融资中，泉林纸业对其拥有的专利进行了评估，最终评估价值达到了 60 亿元，对贷款顺利达成起到了关键作用。

案例 3-34：2013 年以来，山东滨州专利权质押融资累计超 10 亿元，已累计为 40 家企业完成专利权质押融资业务 57 笔。2016 年，滨州更是以全省 4% 的人口完成了全省专利权质押融资 13% 的份额。专利变资本，有效破解了中小微企业融资难题，也让专利价值流动起来，提升了知识产权含金量，促进了企业的发展壮大和地方经济发展。

3.4.3.3 企业重组

【标准条文】

> #### 7.3.3 企业重组
>
> 企业重组工作应满足以下要求：
>
> a）企业合并或并购前，应开展知识产权尽职调查，根据合并与并购的目的设定对目标企业知识产权状况的调查内容；有条件的企业可进行知识产权评估。
>
> b）企业出售或剥离资产前，应对相关知识产权开展调查和评估，分析出售或剥离的知识产权对本企业未来竞争力的影响。

【条文解读】

（1）进行合并或并购时，应对目标企业的知识产权情况进行调查，如有条件，应进行专业的知识产权评估。

（2）企业如需出售或剥离资产，应评估出售或剥离部分的知识产权情况，分析随之出售或剥离的知识产权的价值，以及对企业未来的影响。

【实施建议】

许多企业对其他企业进行合并或并购的目的是得到被合并或并购企业的技术、知识产权及吸纳研发、技术人员。为使企业尽可能多地掌握目标企业的真实情况，应尽可能地调查清楚目标企业的知识产权的全部情况，从而准确地进行知识产权价值评估。知识产权尽职调查包括：目标企业知识产权所有权调查、目标企业知识产权使用权调查、目标企业知识产权实施状况调查以及目标企业的知识产权风险调查等。

所有权调查包括：目标企业拥有知识产权的数量、权利内容及范围、权利的期限、权属关系（有无共有人、担保、授予第三人许可使用权）等，对于商标权和专利权，还应调查处于申请过程中的商标和专利。使用权调查包括：目标企业被许可使用的知识产权，其许可使用范围、期限和许可费用支付情况，能否继承该许可使用合同的权利义务等。实施情况调查为调查目标企业的各知识产权的实施使用情况。知识产权风险调查包括：目标企业有无知识产权纠纷，目标企业产品有无知识产权侵权风险，目标企业知识产权法律状态是否稳定等。

在进行了详细尽职调查的基础上，可进行价值评估，衡量目标企业的知识产权的价值。

企业如需出售或剥离资产时，主要涉及自身的知识产权，应调查清楚随着出售或剥离资产，会有多少知识产权也随之转移，评估这些将转移的知识产权对企业的价值。

3.4.3.4 标准化

【标准条文】

> **7.3.4 标准化**
>
> 参与标准化工作应满足以下要求：
>
> a) 参与标准化组织前，了解标准化组织的知识产权政策；将包含专利和专利申请的技术方案向标准化组织提案时，应按照知识产权政策要求披露并作出许可承诺；
>
> b) 牵头制定标准时，应组织制定标准工作组的知识产权政策和工作程序。

【条文解读】

（1）企业参与其他标准化组织的，首先需要进行调查研究，去了解标准化组织涉及的知识产权政策，按照政策的要求提案、披露和许可承诺。

（2）企业牵头制定标准的，需要制定相应的知识产权政策和工作程序。

【实施建议】

根据《标准制定的特殊程序 第1部分：涉及专利的标准》GB/T 20003.1—2014的要求，参与标准制修订的组织或个人应尽早向全国专业标准化技术委员会，或者归口单位披露自身及关联者拥有的必要专利或他人拥有的必要专利，并做出实施许可声明。国家标准化行政主管部门、全国专业标准化技术委员会或者归口单位应通过多种渠道公布标准或标准草案涉及的专利信息，并对制定标准时涉及专利问题时进行详细的要求。企业参与标准化组织前或牵头制定标准时，应了解上述知识产权政策和程序，按照程序披露并做出许可承诺。

另外，ITU‐T/ITU‐R/ISO/IEC 共同专利政策实施指南（Guidelines for Implementation of the Common Patent Policy for ITU‐T/ITU‐R/ISO/IEC）、IPC 标准化程序（IPC Standardization Procedures）、IPC 标准化政策声明（IPC Standardization Policy Statement）均有当标准中涉及专利时对企业的一些要求。企业在涉及这些国际标准化组织时，应按知识产权政策要求进行。

【案例分析】

案例 3‐35：目前全球的无线局域网安全技术分为两条发展路径。一条是 Wi‐Fi，由美国主导；另一条是 WAPI（无线局域网鉴别与保密基础结构），由中国主导。2003 年 5 月，WAPI 标准正式被批准为中国国家标准，由此成为全球范围内仅有的两个无线通信网络安全技术标准之一。西电捷通在 WAPI 领域研发能力突出、专利拥有量大，该公司的相关专利被纳入国家标准成为标准必要专利，使得技术标准转化为国家标准，实现专利的更广泛应用，极大地提高了自身的专利实力及无形资产价值。

3.4.3.5 联盟及相关组织

【标准条文】

7.3.5 联盟及相关组织

参与或组建知识产权联盟及相关组织应满足以下要求：

a）参与知识产权联盟或其他组织前，应了解其知识产权政策，并进行评估；

b）组建知识产权联盟时，应遵循公平、合理且无歧视的原则，制定联盟知识产权政策；主要涉及专利合作的联盟可围绕核心技术建立专利池。

【条文解读】

（1）参与知识产权联盟或其他组织前，应了解其知识产权政策，评估参与利弊；

（2）组建知识产权联盟时，以知识产权为基础，与联盟企业共同推动技术发展，增加企业的行业话语权，在联盟内将自有知识产权作为交易筹码与联盟企业互换使用，构建专利池，开展专利合作。

【实施建议】

产业知识产权联盟是以知识产权为纽带、以专利协同运用为基础的产业发展联盟，是由产业内两个以上利益高度关联的市场主体，为维护产业整体利益、为产业创新创业提供专业化知识产权服务而自愿结盟形成的联合体，是基于知识产权资源整合与战略运用的新型产业协同发展组织[7]。

组建或参与知识产权联盟时，应制定或者调查评估联盟的知识产权政策，联盟的知识产权政策应遵守公平、合理且无歧视的原则，遵守国家法律法规，贯彻相关方针政策，遵守行业规范，接受国家及地方知识产权主管部门的业务指导；不得违反法律规定，滥用专利权，实施垄断和不正当竞争行为，阻碍市场良性竞争和产业健康发展。

联盟可围绕产业链上下游核心技术和产品，构建若干个集中许可授权的专利池，分别制定合理的许可政策并开展商业运营，支撑联盟成员与产业共同发展。

联盟有利于消除专利交叉许可的障碍，促进技术的推广应用，还可减少专利纠纷、降低诉讼成本，其优势越发凸显。此外，传统的专利许可都是使用者向不同的专利权人分别请求许可，而专利联盟则可以汇集某一行业的专利技术对外进行一站式许可，可大大降低交易成本。

【案例分析】

案例 3-36：目前国内比较有代表性的专利联盟是深圳中彩联科技有限公司，该公司由长虹、康佳、海信等 10 家中国彩电骨干企业合资组建，该联盟的成立与欧美地区经常出现的"彩电专利权许可收费纠纷"密切相关。根据专利池和专利联盟组建原则，该专利联盟中的专利将不断进行扩充和调整。该联盟显著增强了国内彩电企业抵御知识产权风险的能力。

3.4.4 保护

3.4.4.1 风险管理

【标准条文】

> **7.4.1 风险管理**
>
> 应编制形成文件的程序，以规定以下方面所需的控制：
>
> a）采取措施，避免或降低生产、办公设备及软件侵犯他人知识产权的风险；
>
> b）定期监控产品可能涉及他人知识产权的状况，分析可能发生的纠纷及其对企业的损害程度，提出防范预案；
>
> c）有条件的企业可将知识产权纳入企业风险管理体系，对知识产权风险进行识别和评测，并采取相应风险控制措施。

【条文解读】

本条款要求"应编制形成文件的程序"，即对于以下方面风险的控制，并编制相应的程序文件来加以规范。

（1）应关注生产、办公设备及软件侵犯他人知识产权的风险，并采取风险规避措施。其中，生产、办公设备及软件应包括但不限于：企业因生产经营目的所采购的生产设备、办公设备、办公软件；其中，对于生产和办公设备，通常企业采购时均有合法的正规购买渠道，例如，如企业已按本标准8.3采购a）、c）条款的要求建立了供方评价机制和合同条款，那么生产和办公设备"可能侵犯他人知识产权的风险"即应予以识别和预防。［详见后文标准8.3a）、c）条款内容解读］

（2）应关注产品可能涉及他人知识产权的状况，分析潜在的纠纷发生的可能性及其不良影响，并根据分析结论，结合企业需求，制定防范预案。要满足以上条款的要求，必不可少的一个前提条件是：对"他人知识产权状况"的搜集与监控，只有先掌握了他人知识产权状况，才能监控和分析可能涉及他人知识产权的状况，得出分析结论和风险防范措施。其中，本条款还应重点关注可能存在何种风险和针对此风险应制定何种预防措施。

（3）对"有条件的企业"，可将知识产权纳入企业风险管理体系，即作为企业风险管理指标之一，对知识产权风险进行识别和评测。此条款属于提高条款，对此条款要求，我们需要明确以下两点：

首先，何为有条件的企业：此处有条件的企业应指已具备一定的风险管理基础和水平的企业，更直观地讲，已建立企业风险管理体系的企业或应相关方要求准备或必须建立风险管理体系的企业，应属条款所称"有条件的企业"。

其次，何为企业风险管理体系：企业风险管理（ERM）框架是由反欺诈财务报告全国委员会（Treadway 委员会）所属的美国反虚假财务报告委员会下属的发起人委员会 COSO（The Committee of Sponsoring Organizations of the Treadway Commission）在内部控制框架的基础上，于 2004 年 9 月提出的企业风险管理的整合概念。企业风险管理是一个由企业的董事会、管理层和其他员工共同参与的过程，应用于企业的战略制定和企业的各个部门和各项经营活动，用于识别可能对企业造成潜在影响的事项并在其风险偏好范围内管理风险，为企业目标的实现提供合理保证。从国内来看，中央政府已将风险管理提高到企业管理的重要位置。2006 年 6 月，国务院国资委发布了《中央企业全面风险管理指引》，对中央企业如何开展全面风险管理工作提出了总体原则，并对企业风险管理的基本流程、组织体系、风险评估等方面进行了比较详细的引导。除此之外，国际标准化组织（ISO）发布的 ISO 31000 标准，即《风险管理——原则和指南》，也为企业风险管理提供了一整套行之有效的标准化流程。

【实施建议】

（1）采取措施，避免或降低生产、办公设备及软件侵犯他人知识产权的风险，实施建议如下：

1）对公司目前在使用的生产、办公设备及软件予以盘查，最好能形成一份清晰完整的目录，目录中明确使用部门、岗位及购买来源、渠道。

2）根据使用部门或岗位需求，按一定优先级对其在用的生产、办公设备及软件中缺少合法来源或购买渠道的，进行查漏补缺。此项"打补丁"的工作，可在全公司范围内按区域、分批次、在一定时间段内按计划完成。

3）最终形成一份完整的在用生产、办公设备及软件清单，其中所有列出的生产、办公设备及软件均可一一对应至合法的来源或购买渠道。

上述工作需指定专门的负责人、主责部门，其他所有涉及部门配合其完成。

（2）定期监控产品可能涉及他人知识产权的状况，分析可能发生的纠纷及其对企业的损害程度，建议如下：

1）定期监控，首先需要明确的是监控的内容、监控的频率、监控的范围、职责的分配。

2）可能发生的纠纷应至少包括产品可能侵犯他人知识产权的状况，这一分析结论还需结合己方知识产权布局情况，该产品未来的市场规划和目标、该产品目前所处的阶段等，来综合得出可能对企业造成的损害程度。

3）基于以上两点内容，建议可能涉及的防范预案包括但不限于：①先撤回可能涉及他人知识产权状况的产品，如产品已进入市场销售；②需及时调整产品设计开发方向，或对产品进行规避设计；③根据调查了解到的他人知识产权状况，对其涉及的知识产权进行权利稳定性、权利瑕疵、权利有效性分析，做好无效抗辩的充分准备；④其他应诉前的准备工作。

（3）有条件的企业可将知识产权纳入企业风险管理体系，对知识产权风险进行识别和评测，并采取相应风险控制措施。国务院国资委发布的《中央企业全面风险管理指引》对中央企业如何开展全面风险管理工作提出了总体原则，并对企业风险管理的基本流程、组织体系、风险评估等方面进行了比较详细的引导。除此之外，国际标准化组织（ISO）发布的 ISO 31000 标准，即《风险管理——原则和指南》，也为企业风险管理提供了一整套行之有效的标准化流程。此处仅以全面风险管理体系为例，指标监控（BI、KDSS等）、信息系统（ERP）及狭义的风险管理构成了全面风险管理体系即内部控制与风险管理体系。图 3-2 所示为企业内部控制与风险管理体系各要素之间的关联关系。

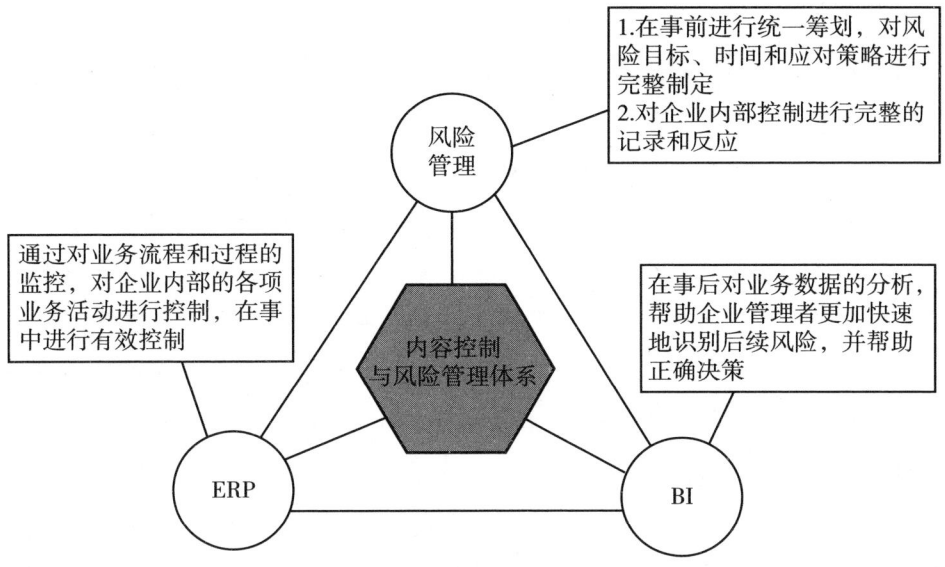

1.在事前进行统一筹划，对风险目标、时间和应对策略进行完整制定
2.对企业内部控制进行完整的记录和反应

通过对业务流程和过程的监控，对企业内部的各项业务活动进行控制，在事中进行有效控制

在事后对业务数据的分析，帮助企业管理者更加快速地识别后续风险，并帮助正确决策

风险管理

内容控制与风险管理体系

ERP

BI

图 3-2　企业内部控制与风险管理体系

另外，对 7.4.1 条款 a)、b)、c) 内容实施过程的具体控制要求，均应在风险管理相关程序文件中加以明确。

【案例分析】

案例 3-37：2003 年 1 月 23 日，思科系统公司（下称思科）起诉中国华为技术有限公司（下称华为）及华为的美国分公司，要求华为停止侵犯思科知识产权。思科控告华为抄袭思科 IOS 软件源代码和"命令行接口"以及技术文档，并侵犯思科在路由协议方面至少 5 项专利。思科希望通过法律禁令来制止华为继续侵犯其知识产权，并要求华为予以经济赔偿，以弥补非法侵权行为对思科所造成的损失。[8]

被起诉其实早在华为意料之中，因此 24 日华为就发表声明否认侵权。早在 2002 年年底，思科已经和华为进行过关于知识产权方面的协商，但华为没有让步，坚决否认侵权。

事实上，我们从这一案件的背后，可以看到两个事实：一是华为多年来坚持在知识产权保护和管理上高投入，内部早已建立了完善的知识产权风险监控机制，因此，对于思科此举，华为可谓是有备而战。二是自 2002 年华为在美国本土市场对思科造成巨大威胁，思科已将其作为低端网络设备市场的头号竞争对手。同时，华为和思科在产品上的极高相似度也促使思科下定了采取法律手段的决心。

而在此一役中，华为进行了一场快速有效的全方位自卫反击战，不仅早早收回了疑似侵权的路由器，还聘请了著名的律所和公关公司为之辩护。就在思科发起这场战役后不久，华为就停止了在美国出售被思科指出含有非法盗版软件的产品。同时还努力研发不涉及思科专利的新产品，并在3个月内面市。而新产品中有争议的代码已全部删除，华为甚至还删除了指令和用户手册中任何有可能相似的元素。这些举措，如果没有前期的调查、准备和预案做支撑，不可能如此神速高效。

毫无疑问，此案被业内形容为"中国高科技知识产权领域的第一场胜仗"并非过誉。华为在这样一场国际性知识产权争议处理中，所表现出的极快速的反应和有效的应对，关键的也是最容易让人忽视的隐藏在背后的，是对于自身产品可能涉及他人知识产权状况的长期跟踪和监控。没有这些背后的基础，想要在一场恶战中自保，几乎是不可能的。

3.4.4.2 争议处理

【标准条文】

> #### 7.4.2 争议处理
>
> 应编制形成文件的程序，以规定以下方面所需的控制：
>
> a）及时发现和监控知识产权被侵犯的情况，适时运用行政和司法途径保护知识产权；
>
> b）在处理知识产权纠纷时，评估通过诉讼、仲裁、和解等不同处理方式对企业的影响，选取适宜的争议解决方式。

【条文解读】

本条款对于知识产权争议处理做了如下规定：首先，须编制形成文件的争议处理程序，该程序文件中须满足以下两方面的要求：第一，应及时发现和监控知识产权被侵犯的情况，并规定企业适时地运用行政和司法途径保护知识产权；第二，应规定企业在处理知识产权纠纷时，对诉讼、仲裁、和解等不同的处理方式进行评估，确定对企业的影响，选取适宜的争议解决方式。

其次，企业应对知识产权侵权情况进行定期监控，对监控结果进行分析。企业发现被侵权后，应根据不同的行业特点及企业自身的经营状况制定相应的解决方式。结合企业自身经营策略，在合适的时间运用司法或行政途径进行知识产权维权工作。

【实施建议】

企业建立知识产权侵权情况监控制度，定期对企业知识产权被侵权情况进行监控，监控可以在市场、售后、技术、知识产权等不同部门之间开展，知识产权部可定期对监控情况进行总结整理，监控信息中出现侵权情况后，注意收集对方侵权的证据，对侵权情况进行分析，形成分析报告。

企业在处理知识产权纠纷时，应评估通过诉讼、仲裁、和解等不同方式处理对企业的影响，选取适宜的争议解决方式。在专利权被侵犯的情况下，被侵权方应及时主张权利、运用适当的诉讼技巧。在处理侵权纠纷时，应首先考虑通过和解的方式与侵权者解决纠纷，这样不仅能节省国家司法资源，还能更好地化解社会矛盾，甚至有可能出现"双赢"的局面。例如，如果侵权方生产的产品更具有市场竞争力，被侵权方可以考虑以和解的方式解决专利纠纷，将侵权者化为合作者。争议处理的过程既是维权打假，打压竞争对手的过程，也是寻找合作伙伴的过程。

企业如果想更好地处理知识产权纠纷，就需要制定全方位的知识产权战略，要综合利用各种知识产权类型来增强企业的竞争力，全方位保护企业知识产权。

专利，是企业知识产权中相对复杂的一种，本节以下内容将对企业处理专利侵权给出一些具体建议。

（1）首先应预先判定是否构成侵权。专利侵权判定一般为技术特征对比法。要判断是否侵犯被侵权方的专利权，首先要对被侵权方的权利要求进行分析，确定权利要求的保护范围，将技术方案分解为一系列技术特征。其次是将侵权方的产品或者方法的技术特征与组成专利方案的技术特征进行比较。

应当以权利要求记载的全部技术特征与被控侵权的产品或方法的技术特征进行对比。要按照全面覆盖的原则判断被控侵权产品或者方法的技术特征是否覆盖了专利权利要求中记载的全部技术特征。

（2）判定为侵权后，可以先向侵权方发出律师函，要求对方停止侵权行为，可以与对方协商自行解决。发出侵权律师函时应注意履行充分告知义务，发出律师函之前应进行充分的侵权分析。《最高人民法院关于审理侵犯专利权纠纷案件应用法律若干问题的解释》第十八条规定，"权利人向他人发出侵犯专利权的警告，被警告人或者利害关系人经书面催告权利人行使诉权，自权利人收到该书面催告之日起一个月内或者自书面催告发出之日起二个月内，权利人不撤回警告也不提起诉讼，被警告人或者利害关系人向人民法院提起请求确认其行为不侵犯专利权的诉讼的，人民法院应当受理"。律师函的内容不得诋毁竞争者的商业信誉。如对方置之不理，可视情况采取以下几种措施：

1）请求地方专利行政管理机关进行处理。

2）向法院提起诉讼。提起诉讼前可以向人民法院申请采取责令停止有关行为和财产保全的措施。

3）如果被侵权专利权益涉及海关保护的，应及时向海关总署申请办理专利权海关保护备案。

【案例分析】①

案例3-38：2011年起，国内炊具和厨房小家电行业的两大品牌企业苏泊尔公司和九阳公司先后在北京、山东、浙江等地展开专利大战。仅2014年、2015年两年，浙江省杭州市和绍兴市两地法院审理的双方专利侵权诉讼案就达26件，涉案总额达5250万元，其中5起案件上诉至浙江省高级人民法院。

浙江省高级人民法院仔细分析案情，约谈当事人，厘清双方诉讼成因与目的，制定了通盘考虑、整体处理的调解思路。2015年7月，在浙江省高级

---

① 案例3-38至3-40来源于"全国知识产权宣传周——2015知识产权（专利）领域重大案件"。

人民法院的主持下，苏泊尔公司和九阳公司就 26 件专利侵权诉讼及 11 件专利无效行政诉讼达成"一揽子"和解协议。双方在尊重对方专利权的基础上，停止生产部分被诉侵权产品并清理库存。双方约定以交叉许可或支付许可费的方式进行后续合作，建立纠纷友好协商解决机制。

苏泊尔公司和九阳公司是业内两大领军品牌，持续多年的专利大战终告和解，有利于双方寻找利益契合点，实现互利共赢。浙江省高级人民法院积极引导当事人进行"一揽子"化解纠纷，既能避免双方因继续争夺市场份额而破坏正常的市场竞争秩序，又防止浪费大量人力、物力和司法资源，对解决其他类似纠纷具有借鉴意义。

案例 3-39：2015 年 6 月，宝马公司以上海俊慕铝业有限公司侵犯其一件"汽车车轮"外观设计专利权，向上海市知识产权局提出行政处理请求。上海市知识产权局受理后，依法组成合议组，向俊慕铝业送达答辩通知书。

俊慕铝业在答辩期内提交答辩书，称本案所涉汽车轮胎产品并非本公司生产，而是从市场采购得来，且并未销售该款轮胎。2015 年 9 月 16 日，上海市知识产权局召开口头审理会，双方争议焦点主要是俊慕铝业是否有许诺销售行为。上海市知识产权局经审理查明，宝马公司经公证获得的俊慕铝业产品宣传册中所显示的轮毂产品与涉案外观设计专利相近似，落入本案专利保护范围，俊慕铝业未经权利人许可，许诺销售行为成立。因双方未能达成调解协议，上海市知识产权局于 2015 年 11 月 23 日做出处理决定，责令俊慕铝业停止许诺销售涉案专利产品。

专利行政执法方便快捷时间短、高效简洁成本低，有利于维护专利权人合法权益。该案是一起涉外专利侵权纠纷，请求人为全球著名企业，社会影响较大。该案中，上海市知识产权局执法人员秉公执法，为查明事实到现场实地调查取证，最终做出处理决定，有效维护了专利权人的合法权益，营造了良好的知识产权保护氛围。

案例 3-40：2003 年，本田株式会社以石家庄双环公司涉嫌侵犯其汽车外观设计专利权为由，向法院提起诉讼。双环公司同时向石家庄市中级人民法院提起确认不侵权之诉，并向国家知识产权局专利复审委员会提起所涉专利无效申请。经专利复审委员会审查，宣告所涉专利权无效。

北京市高级人民法院二审行政判决维持一审行政判决及宣告涉案专利专利权无效的行政决定后，本田株式会社向最高人民法院提起再审申请。最高人民法院撤销了一审、二审判决和宣告涉案专利无效的行政决定。涉案专利权恢复有效后，在石家庄市中级人民法院审理期间，本田株式会社提出撤诉申请。双环公司在二审判决后，再次提起的确认不侵权之诉中，增加索赔数额。2015 年 12 月 8 日，最高人民法院做出判决，确认双环公司不侵权。

此案错综复杂，历时 12 年，最终明确了专利权人发送侵权警告函应遵守的规则和注意义务，阐明了滥用侵权警告函的要件和法律责任，对指导专利权人维权具有重要意义。而此案更深层次的含义，核心仍是企业要高度重视知识产权工作，加强知识产权保护。

3.4.4.3 涉外贸易

【标准条文】

7.4.3　涉外贸易

涉外贸易过程中的知识产权工作包括：

a）向境外销售产品前，应调查目的地的知识产权法律、政策及其执行情况，了解行业相关诉讼，分析可能涉及的知识产权风险；

b）向境外销售产品前，应适时在目的地进行知识产权申请、注册和登记；

c）对向境外销售的涉及知识产权的产品可采取相应的边境保护措施。

【条文解读】

本条款对于涉外贸易过程中的知识产权工作做了规定：

（1）向境外销售产品前，对当地法律、诉讼环境的风险调查的必要性要求，以及适时形成知识产权的提示性要求。

（2）对于外销的涉及知识产权产品采取边境保护措施的适用性要求。

而根据本条款内容展开，企业涉外贸易过程中，需要关注的包括但不限于以下问题：

待出口产品在我国是否属于《技术进出口管理条例》中规定的限制或禁

止出口的技术，是否属于商务部颁布的限制类和禁止类进口、出口技术列表的内容。待出口产品目标国或地区对于技术进口的相关法律规定，待出口产品是否属于该国或地区禁止或限制进口的技术，如果不属于上述范畴，还需要了解该国或地区是否具有需要进行备案的相关规定。

待出口产品在出口目标国或地区是否具有侵犯他人知识产权风险的可能性。

待出口产品、直接获得待出口产品的制备方法在出口目标国或地区是否具有专利权。

待出口产品在出口目标国或地区是否具有相应的商标权。

如果待出口产品属于软件产品，待出口产品在出口目标国或地区是否具有著作权。

因此，企业开展国际化贸易应当了解贸易目的国家或地区的知识产权环境，包括该地区的知识产权行政和司法程序、知识产权申请和审查流程、侵权判定标准、通常的侵权赔偿标准和诉讼成本等，以便能够及时处理应对各类问题，扫清知识产权障碍，助推国际化贸易顺利进行。了解贸易目的国家或地区的知识产权法律制度是企业在当地获取知识产权，以及有效防范风险、快速解决纠纷的重要基础。

涉及产业发展或经济安全的重要国际化贸易知识产权事项，可寻求国际化贸易知识产权专家工作组的支持或与产业国际化发展知识产权工作组联系。

【实施建议】

从实施层面来讲，本条款更多地给予了涉外贸易企业一贴知识产权"良方"，告诫企业"走出去"之前，应关注的风险和采取的措施。

（1）应预先关注外销目的地的知识产权法律环境、有关政策及执法情况、诉讼案例，"知己知彼，方能百战不殆"。比如：美国联邦巡回法院和各州法院间的管辖权，欧盟和欧洲共同体内部市场协调局（OHIM）、欧洲专利局（EPO）之间的关系及其管辖权，英国脱欧对于欧洲专利和欧盟商标、外观设计的影响，各海外国家或地区的管辖法院在先判例分析等。

（2）基于对当地法律环境的预先了解，如待出口产品存在知识产权风险，则还需要考虑以下规避措施：①进行必要的规避设计，以规避风险；②如果难以规避，则考虑与权利人进行专利权转让或许可的谈判，或者对其外围产品进行开发和改进并申请专利，以期实现交叉许可；③上述两种途径都行不通，则放弃实施，或者改变产品出口的目的地以规避风险。与此同时，企业对于待出口产品进行持续改进，并对改进的产品进行专利布局，在产品的生产国、出口国、下游产品的生产国进行专利、商标、版权（如果涉及）、植物品种权（或植物专利，如果涉及）等知识产权的申请和布局。企业可综合以下因素来考量何时进入外销目的地进行知识产权的申请、注册和登记，即"布局"的最佳时机：①企业涉外贸易的总体战略规划；②销售地的市场前景；③销售地的法律法规；④销售地的执法前例（尤其对于英美等普通法系国家和地区）；⑤对本行业、竞争对手的尽职调查结果；⑥销售地知识产权申请、注册和登记的成本（时间、金钱、人力等）；⑦对产品相关知识产权授权前景的预判；⑧其他可能影响企业海外市场战略布局的因素。

（3）企业需要关注以下边境保护政策的要求，来采取适当的边境保护措施：①本国；②外销目的国家或地区；③出入境途经国家或地区；④其他与以上三地有边境贸易（保护）协定的国家或地区。

【案例分析】

案例3-41： 2014年12月印度德里高等法院裁定，某企业侵犯了国外某企业的专利，并下发了禁令，禁止该企业在印度销售和进口手机。据悉，此次裁定的专利权属于标准必要专利（SEP），适用于"公平、合理、无歧视"原则（FRAND）。

印度高等法院禁令一出，该企业的印度销售市场戛然而止，对该企业印度市场造成了巨大的损失。

所以，企业在进行海外销售前，必须对目标出口国进行专利检索，分析专利侵权和诉讼风险，制定相应的风险防范和市场策略。

案例3-42： 2017年3月，摩拜单车宣布进入新加坡市场，正式迈出了海外扩张的第一步。早在2016年，摩拜就已经展露出了"国际化"的雄心壮志。与其他同样喊出"出海"口号的中国企业不同，摩拜单车所代表的共享单车服务发展于中国，是完全意义上的"中国式创新"。根据相关数据，截至2016年9月，摩拜单车已经获得数十项专利，涵盖自行车车身、智能车锁、电机系统、车身零部件等多个领域。若没有专利布局在先，摩拜的国际化之路难长远。

综上，涉外贸易中如忽视了知识产权这一重要环节，对企业而言，失去的不只是抢占市场和预防风险的先机，更可能是"血泪"书写的惨痛教训。

3.4.5　合同管理

【标准条文】

> ### 7.5　合同管理
>
> 加强合同中知识产权管理：
>
> a）应对合同中有关知识产权条款进行审查，并形成记录；
>
> b）对检索与分析、预警、申请、诉讼、侵权调查与鉴定、管理咨询等知识产权对外委托业务应签订书面合同，并约定知识产权权属、保密等内容；
>
> c）在进行委托开发或合作开发时，应签订书面合同，约定知识产权权属、许可及利益分配、后续改进的权属和使用等；
>
> d）承担涉及国家重大专项等政府支持项目时，应了解项目相关的知识产权管理规定，并按照要求进行管理。

【条文解读】

本条款主要关注合同中的知识产权管理，此处，对条款中所述"合同"的理解应为：本标准全文所有提及的与企业相关方签订的合同、协议（或契约等其他要约形式）均属于本条款的管辖范围。具体而言，合同的管理包括但不限于以下合同：①人事合同（6.1.3条款）；②检索与分析、预警、申请、诉讼、侵权调查与鉴定、管理咨询等知识产权对外委托业务合同；③委托开发或合作开发合同；④承担国家重大专项等政府支持项目协议（或其他要求）；⑤采购合同［8.3c）条款］；⑥委托加工、来料加工、贴牌生产等对外协作合同［8.4b）条款］；⑦销售合同及其他可能涉及知识产权条款的合同。

【实施建议】

对合同中知识产权条款的审查，需要明确审查方式、内容以及主责部门、使用部门及协作部门各自的权责等。如企业已建立法务合规部门和知识产权管理部门，合同审查工作可由法务合规部门与知识产权部门共同完成，明确主责部门和协作部门，根据企业内部管理实际情况确定。

对合同中知识产权条款的审查方式，提出如下建议（合同审查方式可以是以下 A、B 模式或"A + B"模式）。

（1）A 模式：对不同类型的合同模板进行审查，确定合同中知识产权条款的标准化版本。最新版本的合同模板由合同审查部门审批后，发放至各使用部门；当个案合同签订时，相关方提出对合同中知识产权条款进行修改的，则需返回合同审查部门重新审批。否则，则一律按模板签订。合同签订经由各使用部门、主管领导审批即可。

（2）B 模式：对合同进行分级分类管理。分级分类的参考因素包括合同类型的不同、标的金额的不同、影响程度的不同等。重点合同采取逐一审查模式，即每签订一份合同，都经由合同审查部门、使用部门以及主管领导审批。其他合同则可采取模板审查机制、抽样审查机制或多模式混合审查机制等。

【案例分析】

案例 3-43：某研究所 X 与某公司 A 为研制一台关键设备签署了合作开发合同，其中约定：执行合同任务产生的知识产权权属，由双方共有，该公司 A 拥有独家使用权。合同中未对专利实施、许可或转让所获得的收益如何分配进行约定。

本案中，双方签订合作开发合同，内容上并没有违反国家法律和法规规定。研究所 X 看似与公司 A 共有专利权，但"独家使用权"的规定，使研究所 X 不能实施也不能许可第三方使用该专利技术，限制了研究所 X 通过许可该专利技术获利的可能性。因此，需要对合同中的知识产权条款进行审查，防止自身利益受损。

此外，由于该合同未对许可及利益分配、后续改进的权属和使用进行明确，导致利益分配、改进后权利的归属缺乏合同依据，易产生纠纷。

3.4.6 保密

【标准条文】

> 7.6 保密
>
> 应编制形成文件的程序，以规定以下方面所需的控制：
>
> a）明确涉密人员，设定保密等级和接触权限；
>
> b）明确可能造成知识产权流失的设备，规定使用目的、人员和方式；
>
> c）明确涉密信息，规定保密等级、期限和传递、保存及销毁的要求；
>
> d）明确涉密区域，规定客户及参访人员活动范围等。

【条文解读】

（1）必须形成控制程序，以规定对涉密人员、可能造成知识产权流失的设备、涉密信息和涉密区域所需的控制。

（2）根据员工岗位的不同，应设定不同的保密等级和相应的接触权限。

（3）根据设备使用的场所和承载的信息，应规定使用目的、人员和方式。

（4）对于涉密信息，应明确保密等级、期限和传递、保存及销毁的要求。

（5）对需进行保密控制的区域，应明确客户及参访人员的活动范围。

【实施建议】

本条款所称"保密"，可以理解为对企业的商业秘密进行保护。商业秘密保护范围广、保护期限长。商业秘密是非常重要的知识产权类型，我国《反不正当竞争法》第九条规定，"本法所称的商业秘密，是指不为公众所知悉、具有商业价值并经权利人采取相应保密措施的技术信息和经营信息。"

从以上法条中对商业秘密的规定可以看出，商业秘密具有秘密性、价值性、保密性的特点。商业秘密与企业经营发展息息相关。企业要正确认识商业秘密，准确定位商业秘密的内容，对商业秘密形成保护。商业秘密的保护在企业整个知识产权保护中具有重要的地位，因此企业应建立商业秘密保护机制，将保密工作提升到企业发展战略的高度予以重视。

根据本条款要求，企业应设立保密控制程序。企业可将商业秘密分为不同的等级，不同级别的员工所掌握的商业秘密级别也不相同，同时不同级别员工的保密义务也不相同。对于可能造成知识产权流失的设备，应规定设备的使用目的，限定使用人员和使用方式，保密范围可以在办公区、生产区、实验室。应对保密设备进行隔离，设定保密区域，规定外来人员和参观人员的审查、登记，并保存相关记录。企业要设立文件和档案管理制度，设立文件保密等级、保密期限，对保密文件进行标记、分类，规定借阅范围和借阅手续，形成借阅记录。保密文件在销毁时，要制定严格的销毁手续，并保存相关记录。保密文件要专人专管。保密控制程序设立后，要在企业员工间进行公示，要求员工遵守相关规定。

企业经营过程中很多时候都是专利和商业秘密共生，如企业在进行合作开发的过程中，专利和商业秘密会同时涉及，专利是技术方案，围绕专利的实施会产生大量的过程数据、技术诀窍，这些都属于商业秘密。

商业秘密保护可以与专利权保护相互结合，互为补助，为企业提供全方位的知识产权保护。专利并不是企业的全部，如果企业在走出去的时候只考虑专利保护，势必在商业权益上无法得到最大化保障。企业在经营过程中更应注重商业秘密的保护。

【案例分析】

案例 3-44：某公司将其机密信息分为四个等级进行管理。依据机密信息与公司业务的关系、对业界竞争的影响度、是否为公司产品技术上及收益的成功关键因素划分。依重要程度的高低，依次分为"绝密""机密""限阅""仅内部使用"四种。再依此等级，制定其复印、对外公开、对内公开、废弃、保管、资料传送时的处理规定。例如，对外公开时，前三类的资料必须得到特定人员的同意；复印资料时，前三类的资料必须转成密码才可传送。同时，为了实施公司的保密规定，公司内部设有自我检查制度，所有信息内部使用、外部传送等行动前，随时进行内部检查，并指导员工养成自我管理的习惯。

本案例展示了公司内部保密措施的一个正面的典型样本。在实际应用时，应根据企业所在领域，依行业特性、竞争态势，以及企业自身管理需求、企业规模、人员构成等，进行适应性管理，以实现涉密信息、人员、区域、设备的保密要求。

3.5 实施和运行

3.5.1 立项

【标准条文】

> 8.1 立项
>
> 立项阶段的知识产权管理包括：
>
> a) 分析该项目所涉及的知识产权信息，包括各关键技术的专利数量、地域分布和专利权人信息等；
>
> b) 通过知识产权分析及市场调研相结合，明确该产品潜在的合作伙伴和竞争对手；
>
> c) 进行知识产权风险评估，并将评估结果、防范预案作为项目立项与整体预算的依据。

【条文解读】

（1）企业首先应明确立项阶段与研究开发阶段知识产权管理的区别。所谓立项应当是基于企业的未来发展需求、重大科研项目或重要客户需求而产生的持续一定时间的科研活动，其应当有完整的立项过程和立项文件，项目立项往往并不伴随立竿见影的企业收益；立项成功之后，相应的研究开发活动紧随其后。研究开发活动是由于一般的客户需求或市场需求，或者在一般的生产过程中遇到技术问题而产生的科研活动，很可能没有完整的立项过程。

（2）立项过程中需要调查项目的知识产权风险，并明确其合作伙伴和竞争对手，并将知识产权风险作为是否立项以及整体预算的依据。也就是说，立项活动未必总是成功的，有可能存在虽然企业想要通过立项活动储备技术，但经过知识产权调研后发现该项目无法确立的情况。

（3）立项阶段和研究开发阶段均需要对知识产权信息等进行收集和分析，但需要区分其中的不同之处。立项阶段需要对项目所涉及的知识产权信息，包括各关键技术的专利数量、地域分布和专利权人信息等进行收集分析，在此阶段，往往只有相应的项目研发方向，并没有具体的技术方案，因此其信息收集应当是涉及所要立项的领域且广泛的，目的在于全面地了解所要立项的技术领域中的技术现状，并以此作为立项的依据。

【实施建议】

（1）若无特殊情况，企业无须完全独立于之前的科研开发制度或程序，而单独建立全新的研发阶段的知识产权制度或程序，从而导致其并行运行两套完全不同的制度。推荐的做法是修订企业原有科研开发制度或程序，在其中加入关于立项阶段应当采取的知识产权环节，形成新的科研开发制度或程序。

（2）企业应当首先识别何种项目需要经过严格的立项过程。如果是作为企业技术储备的科研开发，即技术开发风险较大、一时难以产生收益或后期商业前景不甚明朗的项目，则必须经过项目立项、分析的过程；而由于客户临时、短期需求导致的研发周期很短，且改进不大的项目则经过评估后可考虑是否直接进入研究开发流程。

（3）企业现有的科研开发制度或程序中，通常含有《立项报告》部分。在建立知识产权管理体系文件时，企业应当修订现有科研开发制度或程序，使之在立项阶段包含对现有技术进行检索、分析的规定，并修订《立项报告》使其包含知识产权检索的内容，或者随《立项报告》附有相应的《知识产权检索报告》。有条件的单位可以在电子化审批系统内，将相应的《知识产权检索报告》作为项目立项审批的必备附件之一。

（4）《知识产权检索报告》应当广泛地收集项目所涉及的知识产权信息（包括各关键技术的专利数量、地域分布和专利权人信息等），并通过对所收集到的信息进行分析，具体应当包括从所收集到的信息中分析该技术领域目前的主要专利权人，以及是否具有相应的合作伙伴和竞争对手，同时分析该技术领域目前的发展方向，结合市场调研结果，以作为本项目立项与否的依据。

（5）企业一般的科研开发制度或程序中，都会具有市场调研信息，可将此部分结合修订加入的知识产权风险分析，统一作为项目立项的依据。

【案例分析】

案例3-45：广东某医疗器械公司在创业初期，其科研人员了解到在医疗领域有用于切除脑肿瘤的无创伤医疗设备伽马刀，但该公司的科研人员对其结构知之甚少。该公司在科研项目正式立项之前，进行了充分的知识产权信息检索分析工作。通过检索，企业找到了伽马刀的相关专利说明书，经过反复研究分析，企业研发人员发现其存在明显缺陷，即现有伽马射线发射头是固定不动的，伽马射线总是始终不变地从固定方向聚焦于病灶部位，容易导致大脑正常组织的损伤。企业分析出此类技术的缺陷后，确立了研发方向（将射线发射头设计成可旋转的，保证伽马射线束在移动，但其聚焦点不变，这样既可减少伽马射线对人正常脑组织的损伤，同时又能达到良好的治疗效果），并对该研发产品的市场前景十分看好，最终予以立项并投入充分的资金以保证研发工作的顺利。此后，该公司及时将其研发成果申请了专利，并在专利保护下将伽马刀的更新换代产品推向了市场。

由于立项前进行了充分的检索分析，保证了企业在研发初始阶段寻找到了正确的研发方向，并规避了研发后的知识产权侵权风险。反之，如果企业在立项阶段没有进行充分的检索分析工作，则很难准确定位现有技术的缺陷，也无法找到行之有效的研发方向，必然导致后续的研发工作事倍功半。

案例3-46：广东某公司需进行某科研项目的立项，但该企业具有知识产权检索分析能力的人员较为欠缺，故委托广东某专利代理事务所就该项目待研发的核心技术做出《科研立项知识产权对比分析报告》。该所接受委托后，根据企业所提供的技术资料以及技术研讨会整理得出的科研信息，详细分析检索该技术在国内的专利申请情况，筛选相关专利信息，并列明了相关专利的技术背景、保护范围、技术方案以及技术效果等方面的信息。该所给出了法律建议、现有技术方向、主要专利权人、技术路线改进建议、改进后的技术风险分析等信息，并形成最终的《科研立项知识产权对比分析报告》。企业采纳了以上报告的内容，有效避免了科研项目立项后的法律风险，并对研发后的核心技术专利布局起到了指导作用。企业在自身没有相关知识产权检索分析能力时，可以借助外部力量，通过委托等方式获取立项阶段的知识产权检索分析结果，并将其作为项目立项的依据，不宜强行摊派相关任务给不具备相关能力的人员。如果工作人员不具备相关的检索、分析能力，即使其做出检索报告，该检索报告的有效性也无法得到保障，更进一步讲，该检索报告很难作为企业科研立项时真实有效的判断依据，也无法保证企业后续研发的顺利进行。

3.5.2　研究开发

【标准条文】

> ### 8.2　研究开发
>
> 研究开发阶段的知识产权管理包括：
>
> a）对该领域的知识产权信息、相关文献及其他公开信息进行检索，对项目的技术发展状况、知识产权状况和竞争对手状况等进行分析；
>
> b）在检索分析的基础上，制定知识产权规划；
>
> c）跟踪与监控研究开发活动中的知识产权，适时调整研究开发策略和内容，避免或降低知识产权侵权风险；
>
> d）督促研究人员及时报告研究开发成果；
>
> e）及时对研究开发成果进行评估和确认，明确保护方式和权益归属，适时形成知识产权；
>
> f）保留研究开发活动中形成的记录，并实施有效的管理。

【条文解读】

（1）应区分立项阶段和研究开发阶段检索的不同之处。在研究开发过程中，随着研发的进展，相关的技术方案很可能已经具有雏形或者已经基本完成，在此阶段，所做的检索应当更加侧重于具体的技术方案和技术特征，此类检索类似于专利获取之前的检索，但其检索程度和范围应当根据具体的研发进展和技术方案完整程度来确定。

（2）研究开发阶段的检索之后，应根据检索结果确定知识产权规划，以确定后续成果中哪些内容需形成知识产权成果。

（3）需对研究开发活动中的知识产权进行跟踪与监控，并适时调整研究开发策略和内容，避免或降低知识产权侵权风险。

（4）在研究开发过程完成后，需要及时对研究开发成果进行评估确认，明确保护方式和权益归属，适时形成知识产权。研究开发成果是企业投入足够资源开展创新活动后的产出，若缺少评估确认，研究开发成果不能被有效保护，将会严重影响企业开展科研活动的积极性，使创新难以持续。值得一提的是，所采取的保护方式并非仅限于专利，还包括商业秘密等不同的保护方式。

（5）研究开发活动中形成的记录需要得到有效管理，一方面，使企业的研究过程、知识产权产生过程等具有可追溯性；另一方面，促使企业各方面管理规范化，也可为今后可能发生的知识产权纠纷储备技术材料。

【实施建议】

（1）若无特殊情况，企业无须完全独立于之前的科研开发制度或程序建立全新的相应制度或程序，从而导致其并行运行两套完全不同的制度；可行做法为修订企业原有科研开发制度或程序，在其中加入关于研究开发阶段的知识产权环节，形成新的科研开发制度或程序。

（2）企业在构建体系时，修订原有科研开发制度或程序，使其包含对研究开发阶段进行检索分析的要求。在研究开发阶段，随着研究开发的进展，技术方案逐步浮现，此时应当根据具体的技术方案和技术特征进行检索分析，检索结果应聚焦于与其技术方案最为接近的技术，并进行详尽的技术对比，以确定研究开发中的成果是否具有创新性。且该阶段的检索工作中应当形成结论，将此结论作为知识产权规划以及调整研究开发策略与内容的前提和基础。

（3）在研发活动中如果发现需要规避的技术壁垒，企业应当调整研究开发策略与线路，评估其风险；在无法规避的情况下，可考虑终止相应的研究开发过程。

（4）企业科研开发程序或活动中，根据实际状况，可设置研究开发成果的上报机制。上报机制可包括例会上报、邮件上报、报告上报等不同的形式。研发成果应及时上报，并非都必须在项目结题后，只有及时上报才能保证后续及时评估、确认，以确保知识产权申请的及时性。

（5）企业科研开发程序或活动中，推荐设置相应的表单，如《研发成果保护方式评估表》《科研成果保护方式评估表》或《知识产权保护方式评估表》等，对科研开发成果进行相应的评估、确认，评估、确认的内容可包括研发成果是否需要进行知识产权保护、采用何种类型的保护等，并及时将以上评估结果传递到知识产权部门进行后续申请。即便企业不设置相应的记录表单，也需要明确采用何种其他方式进行评估、确认，并有据可查。例如，可以通过例会等形式进行以上操作，但需要有会议记录等可以证明已经对研发成果进行过评估、确认的文件。

（6）科研开发程序或活动中，应当明确科研记录的保存方式。管理形式可以分为专人专管或集中统一管理等。如果采取电子文档形式，制度或流程中应当保证电子文档的保密性，有条件的企业可以实行加密管理；如果采取纸件形式，可以设置统一管理的档案室，由专人负责相应的管理工作，如有借阅、发放、复印等行为，应当具有相应的借阅、发放记录可查。

【案例分析】

案例3－47：广东某研发型企业，其项目A于2017年9月30日进入研究开发阶段，该项目A包括技术方案a、b、c、d（技术方案a～c为结构，技术方案d为配方），企业于2017年10月8日对公开信息进行了检索，检索时间范围为2017年10月8日前，检索数据库包括专利、期刊和论文，并对项目的技术发展状况、知识产权和竞争对手状况进行了分析。检索及分析结果显示，技术方案a已被先申请的一发明专利公开，不具备新颖性，技术方案b具备新颖性和一定的进步，技术方案c和d未被任何人以任何形式披露。在检索和分析的基础上，企业制定知识产权规划：拟就技术方案b申请一实用新型专利，技术方案 c 申请一发明专利，技术方案 d 以技术秘密的形式进行保护。该企业通过检索对各技术方案进行可形成专利性的评价，并综合考量若技术方案 d 以专利形式进行保护具有维权难的问题，最终对各技术方案的保护形式、专利拟申请类型进行了有针对性的规划，全面保护了企业的自主知识产权。

案例 3-48：浙江某制药企业，其药品研发周期长达七八年及以上。该企业在科研开发制度中规定，每个月均要针对当时的科研成果进行相应的检索，并形成《研究开发知识产权检索报告》。审核时发现某科研项目已经进行了 3 年多，共查见近 40 份检索报告，且每份检索报告内容详尽，对具有竞争关系的药品厂家的专利技术进行了持续的跟踪，具有极高的参考价值。

对于行业特殊、研发周期较长、知识产权风险较大的企业来讲，每个月或一定周期内进行相应的知识产权检索是必要的。由于专利技术随着时间发展不断公开，此类企业在研究开发中一旦发现有同行业竞争对手的类似专利公开，其前期投入将面临巨大"打水漂"的风险。因此，此类企业应当在研究开发过程中持续不断地进行相应的检索分析工作。

案例 3-49：广东某企业，历时 2 年进行了重点产品的研发工作，在研发工作结束后，研发人员向领导汇报，准备围绕该产品申报 2 项实用新型专利以及 1 项外观设计专利。该企业领导日常分管研发工作，其通过调研认为上述知识产权评估结果没有完全反映企业在此产品上的研发投入，因此决定重新主持召开评估会议。通过对该产品研发结果的深入评估后发现，还有很多具有价值的技术成果需要保护，遂进行重新评估确认，最后决定围绕该产品进行 2 项发明专利申请、4 项实用新型专利申请以及 2 项外观设计专利申请，并在国外对以上技术成果进行详尽的保护。后续，该企业将其产品销售到欧美等国家和地区，几乎与国外同类公司分庭抗礼，实现了很好的商业价值。

更多企业越来越重视对于新技术的研究开发，投入充足的人力、物力资源，也获得了良好的研发效果，但有些企业对研究开发后续成果的评估与确认环节不重视，导致产品上市后，由于缺乏充分的知识产权保护，市场抄袭严重，对其商业价值造成了巨大的损失。

3.5.3 采购

【标准条文】

> **8.3 采购**
>
> 采购阶段的知识产权管理包括：
>
> a) 在采购涉及知识产权的产品过程中，收集相关知识产权信息，以避免采购知识产权侵权产品，必要时应要求供方提供知识产权权属证明；
>
> b) 做好供方信息、进货渠道、进价策略等信息资料的管理和保密工作；
>
> c) 在采购合同中应明确知识产权权属、许可使用范围、侵权责任承担等。

【条文解读】

（1）根据《专利法》《商标法》《著作权法》的相关规定，以生产经营为目的，未经权利人的许可，使用了侵权产品或标注其注册商标，或发表改编著作权等行为均属于知识产权侵权行为。因此企业在日常采购涉及知识产权的产品时需要识别并控制知识产权侵权风险，避免因采购侵权产品给企业经营活动带来不必要的损失。

（2）企业采购过程中涉及知识产权的产品种类较多，包括但不限于软件、生产设备、零部件、原材料等生产经营活动中所必需的产品。

（3）企业在采购过程中应正确识别何种产品为涉及知识产权的产品，并识别收集该产品的相关知识产权信息是否足以判断侵权风险。若仍不能判断侵权风险，必要时可要求供方提供知识产权权属证明。

（4）由于采购信息的特殊性，同行业人员获知后可以用于推测研发项目、产品成本、产品工艺等信息，是企业重要的商业秘密，一旦泄露，可能会造成不可估量的损失。为避免信息泄露事件的发生，企业应对供方信息、进货渠道、进价策略等信息资料做好管理及保密工作，一旦发生泄密，应能合理举证以维护自身的权益。

（5）采购合同中应包括知识产权权属、许可使用范围、侵权责任承担等知识产权条款。根据《中华人民共和国侵权责任法》第十二条，一旦侵权行为发生，则侵权产品的制造者及侵权产品的使用者为共同责任人，需共同承担相应赔偿责任，采购者即使在未知情况下将侵权产品用于生产经营仍旧无法免责。虽然专利法规定善意侵权人可以不承担赔偿责任，但善意侵权人因购买侵权产品所引起的停工、停产仍旧有不小的经济损失。

【实施建议】

是否需要供方提供知识产权权属证明，企业需根据自身的知识产权工作需求、采购产品的用途及采购产品侵权可能性等多方面综合考虑。例如，采购产品为经销商经营产品，应要求代理商提供代理资质证明等文件。

【案例分析】

案例3-50：德国某集团在华独资子公司某科技股份有限公司诉河北某化工有限公司专利侵权一案。原告享有螺虫乙酯发明专利的专利权。被告河北某化工公司未经原告许可，擅自生产、销售含有螺虫乙酯的农药产品。该公司辩称，其螺虫乙酯原料药采购自江苏某企业，可证明其合法来源。

本案例的被告采购螺虫乙酯原料药用于制备农药制剂，虽然可以证明螺虫乙酯原料药的合法来源，但由于采购的原料药为侵权产品，使用该侵权产品生产的农药制剂仍旧侵犯了该原料药的专利权。最终被告停止侵权行为，即停止使用该侵权原料，并赔偿原告损失，而予庭外和解。

依此案例，使用侵权产品作为原材料加工生产的产品亦属于侵权产品，因此：①采购方在采购时应尽可能地了解采购产品的知识产权信息，了解所采购产品是否曾发生侵权诉讼，本案的原告某科技股份有限公司曾多次就螺虫乙酯专利发表声明，而被告却因未进行知识产权信息的收集而引火烧身；②保留收集的供方知识产权信息及完整的采购合同，购买发票等购买记录，一旦侵权诉讼发生，用于合理举证善意侵权，免除赔偿责任；③对于已收到权利人知识产权相关函件的，应引起高度重视，经分析侵权行为确实成立的，终止使用涉嫌侵权的原材料，避免因权利人的举证造成故意侵权，加重赔偿责任；④依据情况，将供方追加为被告，共同承担侵权责任；⑤在采购合同中明确侵权责任承担，就自身的损失，向供方合理追责。

3.5.4　生产

【标准条文】

> **8.4　生产**
>
> 生产阶段的知识产权管理包括：
>
> a）及时评估、确认生产过程中涉及产品与工艺方法的技术改进与创新，明确保护方式，适时形成知识产权；
>
> b）在委托加工、来料加工、贴牌生产等对外协作的过程中，应在生产合同中明确知识产权权属、许可使用范围、侵权责任承担等，必要时应要求供方提供知识产权许可证明；
>
> c）保留生产活动中形成的记录，并实施有效的管理。

【条文解读】

（1）企业在生产过程中对产品、工艺方法的技术改进与创新，均可形成知识产权。企业需及时评估，明确保护方式。生产过程中的技术改进与创新一般以合理化建议的形式体现。

（2）应对生产过程中涉及产品与工艺方法的技术改进与创新进行评估和确认，评估的目的在于明确保护方式，适于作为专利保护的，形成专利保护；适于作为技术秘密保护的，则采取适当的保密措施；或者评估后不作为知识产权保护，可作为提高生产效率的优良方案提供给生产人员。即是否形成知识产权、形成知识产权的类别以及形成知识产权的时机，均应由企业根据具体情况评估决定。

（3）在未经权利人许可的情况下，以生产经营为目的的制造行为、使用与注册商标相同或相似的商标均属于侵权行为，无论是委托方还是受托方均适用。因此在签订生产合同时，应确定知识产权权属（生产过程涉及的知识产权）、知识产权义务（在许可范围内使用）以及侵权发生时各自的赔偿责任。

（4）《专利法》第六十九条第二款规定，在专利申请日前已经制造相同产品、使用相同方法或者已经做好制造、使用的必要准备，并且仅在原有范围内继续制造、使用的不视为侵犯专利权。

举例说明上述法条：如果 A 企业生产的产品 a，落入 B 企业的专利 b 的保护范围，即判定为侵犯了 B 企业专利 b 的权利。对此，企业 A 可以举证证明其生产的产品 a 在专利 b 申请前已在中试生产或具备中试生产的水平，并保证仅维持中试水平继续生产，则判定为不侵权。标准 8.4 中 c）条款的生产记录即可在此种情况发生时，作为不侵权抗辩证据使用，因此，对生产记录实施有效的管理具有重大意义。

【实施建议】

（1）可在技术改进与创新完成时，对产品与工艺方法的技术改进与创新进行评估和确认，确认该技术改进的技术点和发明人，评估该技术改进的保护方式。评估人应以技术人员为主。

（2）明确保护方式：技术改进与创新的保护方式包括专利保护和技术秘密保护，专利保护可以申请发明、实用新型或外观设计，具体应以评估的结果为准。

（3）适时形成知识产权：企业可根据实际情况综合评估，确定知识产权的申请时机。

（4）在委托加工、来料加工、贴牌生产等对外协作的过程中，应在生产合同中明确知识产权权属、许可使用范围、侵权责任承担等，尤其是以受托方身份进行来料加工和贴牌生产时，可要求供方（委托方）提供知识产权许可证明以规避侵权风险。

（5）一旦发生侵权诉讼，如被诉侵权企业在涉案专利申请日之前已实施生产，可以以专利申请日之前的生产记录为证据做出不侵权抗辩。此处的生产记录将作为证据使用，因此企业在保存记录之初就应使生产记录符合真实性、关联性及合法性的要求。例如，保存并整理关联性的原材料采购合同、发票等第三方票据以保证真实性；所有的记录使用统一编号或产品名称，或能有记录标识产品的图形，以将生产记录毫无疑问地确定为被诉侵权产品的生产记录，保证关联性，等等。

【案例分析】

案例3–51：案号为（2011）粤高法民三终字第467号的案件中，原告为我国"CR"商标注册人，注册类别为第25类（包括衬衫、裤子、汗衫及其他衣服等商品），被告受Y公司委托生产标注有"Cr＋鳄鱼图形"组合商标（被诉侵权商标）的男装衬衫出口日本，Y公司在日本注册有"Cr＋鳄鱼图形"的组合商标（在我国未有注册）。一审法院判定被告未经原告许可，在同一种商品上使用了与原告注册商标近似商标并出口被诉侵权商品，侵害了原告的注册商标专用权，判定被告停止侵权并赔偿原告经济损失。经被告上诉后，二审法院认为被诉侵权商标与原告注册商标近似但不完全相同，被告的生产行为为受托行为，无主观的侵权故意且被诉侵权商品全部出口，因此撤销一审判决，驳回原告的全部诉讼请求。

上述案例中，企业若要避免此类侵权行为发生，应从以下三方面实施管控：

（1）受托方应在承托前核定贴牌加工商标的真实性和有效性，在合同中明确约定，并要求委托方提供知识产权许可证明，以明确主观上没有侵权的故意。

（2）受托方应严格在许可范围内进行加工生产，若被告（受托方）未将加工的产品全部出口交付委托方，而有部分在国内销售，则仍旧构成侵权。

（3）若被诉侵权商标与原告注册商标相同，则被告的受托生产行为仍旧为侵权行为，此时可依据合同中的侵权责任承担向委托方追责。

3.5.5　销售和售后

【标准条文】

8.5　销售和售后

销售和售后阶段的知识产权管理包括：

a）产品销售前，对产品所涉及的知识产权状况进行全面审查和分析，制定知识产权保护和风险规避方案；

b）在产品宣传、销售、会展等商业活动前制定知识产权保护或风险规避方案；

　c) 建立产品销售市场监控程序，采取保护措施，及时跟踪和调查相关知识产权被侵权情况，建立和保持相关记录；

　d) 产品升级或市场环境发生变化时，及时进行跟踪调查，调整知识产权策略和风险规避方案，适时形成新的知识产权。

【条文解读】

本条款主要针对产品在许诺销售（宣传、会展等商业活动）以及销售中的知识产权机遇和可能的知识产权风险。

（1）产品许诺销售和销售前的知识产权保护。依据《专利法》第二十二条和第二十三条的相关规定，一旦产品开始销售即成为现有技术或现有设计，若在产品销售后再申请专利，将直接影响所申请专利的新颖性，直接导致专利无法授权，或授权后被无效。因此企业在产品初次销售前应充分审查和分析产品所涉及的知识产权状况，并制定知识产权保护方案，如对可专利的技术方案形成专利保护。

（2）产品许诺销售和销售前的知识产权风险。产品的销售和许诺销售的知识产权风险主要来自侵犯他人专利权或侵犯他人注册商标专用权的风险。由于企业在生产经营活动中从研发到产业化和上市往往还有较长的一段时间，为了预防在此期间有新的专利授权或新的商标注册，企业仍需分析是否有新的风险出现，并制定相应的风险规避方案。

企业在宣传和销售中可能面临因专利或商标标识使用不规范而引起违规宣传的问题。企业可参照《专利法实施细则》第八十四条及《商标法》第六章的相关规定具体实施。

（3）展会中的知识产权风险和机遇。根据《展会知识产权保护办法》第七条的有关规定，企业若作为知识产权的权利人，在展会期间发现疑似侵犯自身知识产权的侵权产品，可向展会主办方投诉，涉嫌侵权的展品将不得在展会中展出。因此，企业在参展前有必要分析参展产品的知识产权状况，做到既可以利用手中的知识产权压制竞争对手，占领市场份额，同时对于侵权风险较大的自身产品则应做好防范预案，防止撤展风险。同时，由于参展期间，人员流动量大，同行业者众多，企业在宣传自身时，需注意保护自身商业秘密。

（4）通过对销售市场的监控，及时跟踪和调查相关知识产权被侵权情况是知识产权应用的重要环节。

通过市场监控，了解知识产权被侵权情况，可以进一步完善知识产权布局。如小米手机上市后取得了良好的市场收益，进一步注册"红米""黑米""大米"等类似商标。

通过市场监控，了解知识产权被侵权情况，及时采取措施，保护自身权益。例如，企业 A 的商标 a 已认定为驰名商标。通过市场监控，对已发现市场上在其他类别的产品中使用商标 a 的，可以依据《商标法》第十三条或《驰名商标认定与保护规定》及时主张自己的权益。

（5）企业在遇到产品升级或市场环境发生变化时，应及时进行跟踪调查，根据调查结果调整知识产权策略和风险规避方案，适当时形成新的知识产权，促进产品的更新换代，增强企业的竞争力。

【实施建议】

（1）在产品销售前，对产品所涉及的知识产权状况进行全面审查和分析，进行合理的知识产权布局，并充分分析潜在的知识产权风险，制定风险规避方案。产品上市后，对于销售策略发生明显改变的，也需适时地再进行知识产权状况的审查与分析，重新制定知识产权保护和风险规避方案。

（2）对于在建立知识产权管理体系前已上市的产品，仍需进行全面的知识产权全面审查与分析，制定知识产权保护和风险规避方案。这是由于知识产权侵权案件的诉讼时效为 2 年，且自权利人或利害关系人得知或者应当得知侵权行为之日起计算。因此，尽管已上市的产品未发生侵权诉讼，但并不代表其没有知识产权风险。而且由于产品上市后已向消费者推广，被确认为侵权后，带给企业的损失往往更大。

（3）在参加展会前，企业需了解主办方发布的知识产权政策，了解参展的同领域企业及其知识产权状况，携带相关知识产权证明性文件（登记证、注册证等）参加展会，以应对参展期间发现侵犯自身知识产权，或发生的知识产权投诉。

（4）销售团队应熟悉企业自身的知识产权情况，在销售过程中建立市场监控程序，监控自身知识产权被侵犯情况，一旦发生企业知识产权被侵权的情况适时启动调查取证程序，通过对知识产权的进一步评估，适时采取保护措施，在此过程中建立和保持相关记录。

（5）企业在遇到产品升级或市场环境发生变化时，市场人员应进行跟踪调查，并将相关内容反馈至知识产权部门或者最高管理者，以便及时调整知识产权策略，制定更合理的知识产权风险规避方案，适当时可形成新的知识产权。

【案例分析】

案例3-52：捷豹路虎中国就陆风X7抄袭其极光车型的外观设计向法院提起诉讼，可结果却是两家的外观设计专利均被宣告无效。依时间顺序阐述此事件的整个发生过程如下：2010年，路虎揽胜极光白色三门车和红色五门车在广州车展首次亮相。2011年，捷豹路虎为此申请外观设计专利。当年，路虎揽胜极光新车正式在国内上市，一炮而红。2013年，江铃汽车为陆风X7申请外观设计专利。2014年，陆风X7在广州车展首次面世。2014年7月，路虎向国家知识产权局针对陆风X7提交了专利无效请求。同期，路虎在北京市中级人民法院就知识产权和不正当竞争问题向江铃汽车提起诉讼。2015年2月，江铃汽车展开反击，向国家知识产权局提出对路虎的专利无效请求。2015年年中，陆风X7正式上市，当年销量近3万辆，官方曾表态今年要争取达到8万~10万辆。2016年6月，国家知识产权局做出审理，裁定双方专利无效。

针对江铃汽车的外观设计无效（案件编号6W104832），专利复审委的无效决定为专利申请日前销售的一辆揽胜极光汽车所示的汽车外观设计通过销售被公众知晓，可以作为现有设计。依据一般消费者的知识水平和认知能力，江铃汽车专利权所示设计相对于前述现有设计在整体视觉效果上没有明显区别，江铃专利权不符合《专利法》第二十三条第二款的规定。

针对捷豹路虎专利（案件编号6W105638）专利复审委的无效决定为通过江铃汽车一方提交的证据可以确认"路虎揽胜Evoque"（中文"极光"）在

2010年12月21日至12月27日举行的广州国际车展上公开展览的事实，捷豹路虎专利权的设计1相对于所述车展上展览的"路虎揽胜Evoque双门版"设计构成实质相同的设计，不符合《专利法》第二十三条第一款的规定，捷豹路虎专利权的设计2相对于所述车展上展览的"路虎揽胜Evoque四门版"设计，在整体视觉效果上没有明显区别，不符合《专利法》第二十三条第二款的规定。[9]

此案例中，企业在申请专利前公开展出销售的产品将破坏专利申请的新颖性，即使专利申请人的展出或销售亦会使其成为现有技术或现有设计[《专利法》第二十四条规定："申请专利的发明创造在申请日以前六个月内，有下列情形之一的，不丧失新颖性：（一）在中国政府主办或者承认的国际展览会上首次展出的；（二）在规定的学术会议或者技术会议上首次发表的；（三）他人未经申请人同意而泄露其内容的。"本案中，路虎揽胜极光白色三门车和红色五门车在广州车展首次亮相的时间为2010年12月21日至12月27日，但于2011年11月24日才就此外观设计申请专利，已超过6个月的不丧失新颖性宽限期，构成现有设计]，发明与实用新型专利的审查还包括创造性的审查，外观设计的审查亦要求与现有设计在整体视觉效果上具有明显区别，不符合上述要求将无法授权。因此企业应从以下几方面规避相关知识产权风险：

（1）在产品展出或上市前，对于无法使用技术秘密保护的应尽量采取专利保护，在专利申请之前应注意保密，不宣传、不展出、不泄密。

（2）设计的产品，尽可能区别于已有专利产品，以避免由于与现有技术等同，或与现有设计无明显区别，而导致侵权。

（3）对于设计的产品及据此申请的专利，尽可能区别于现有技术或现有设计，以避免由于缺少创造性或与现有设计无明显区别，而导致无法授权。

（4）对于侵权风险较高的产品，做好风险规避方案，留存证据。

案例3-53：对企业确定销售且具有自主知识产权的产品，应建立市场监控程序，保持知识产权被侵权情况的市场监控记录，适时地采取措施维护自身的权益。监控程序的建立往往要结合产品的特点，如国内的某知名药厂，由于医药销售前均需要取得食品药品监督管理局（CFDA）的行政许可，因此该药厂通过关注其专利药品在CFDA的注册情况达到监控的目的。

3.6 审核和改进

3.6.1 总则

【标准条文】

> **9 审核和改进**
>
> **9.1 总则**
>
> 策划并实施以下方面所需的监控、审查和改进过程：
>
> a）确保产品、软硬件设施设备符合知识产权有关要求；
>
> b）确保知识产权管理体系的适宜性；
>
> c）持续改进知识产权管理体系，确保其有效性。

【条文解读】

企业在策划知识产权管理体系时应考虑制定监控、审查和改进过程与措施，在体系运行中实施，并进行定期审查和逐步改进。企业可具体结合自身情况制定相应的措施，包括内部审核、管理评审以及年度考核等。一般来说，内部审核是知识产权管理体系改进的重要手段之一，以确保体系的符合性；通过管理评审来确保体系的适宜性与有效性。

【案例分析】

案例 3-54：某企业策划并实施了以下监控、审查和改进过程：

（1）编制《知识产权管理体系日常工作检查管理办法》，建立了知识产权管理体系日常运行检查制度，由知识产权部负责，每季度检查一次，通过日常对立项、研发、采购、生产和销售活动中的知识产权管理是否满足知识产权管理体系要求进行检查，确保了产品符合知识产权有关要求。

（2）策划基础设施管理要求及风险管理程序并实施，避免或降低生产、办公设备及软件侵犯他人知识产权的风险，确保了软硬件设施设备符合知识产权相关要求。

（3）策划知识产权方针目标的评价和考核、内部审核和管理评审活动，对知识产权管理体系的运行过程进行了监视和测量，并对测量结果进行分析，确保了知识产权管理体系的适宜性。

（4）通过对知识产权管理体系运行过程的监视和测量结果，策划持续改进方案和措施（内部审核不符合项的整改措施、管理评审形成的改进计划、方针目标考核评价后形成的修改方案等）并实施和验证，确保了知识产权管理体系的有效性。

通过策划以上过程，该企业对产品、软硬件设施、知识产权管理体系适宜性和有效性实施了有效的监控、审查和改进。

3.6.2 内部审核

【标准条文】

> ### 9.2 内部审核
>
> 应编制形成文件的程序，确保定期对知识产权管理体系进行内部审核，满足本标准的要求。

【条文解读】

内部审核应形成控制程序，确保能在体系运行过程中定期开展，以满足体系在运行过程中持续适宜且有效，并确保产品、软硬件设施符合知识产权有关要求。

内部审核是企业内部每年一次或数次对自身执行知识产权管理体系文件的情况、法规要求的情况、专利和商标的情况进行全面、系统的检查。

关于内部审核的实施，可参见本书5.2.4.1部分内容。

3.6.3 分析与改进

【标准条文】

> ### 9.3 分析与改进
>
> 根据知识产权方针、目标以及检查、分析的结果，制定和落实改进措施。

【实施建议】

（1）企业应开展检查考核工作，满足体系持续改进的要求，包括内部审核、管理评审、年度考核、第三方审核等，使自身的知识产权管理体系的有效性和适宜性不断提升，知识产权管理效益不断提高。

（2）对在改进环节发现的问题，责任部门应会同相关部门，必要时可听取专业机构意见，分析问题原因，制定改进措施和计划，并提交管理层审批。

（3）管理层在收到改进措施和计划后，应尽快根据企业生产经营整体情况做出决策，确定改进措施与计划，配置相关资源，指定并敦促相关部门实施改进。

【案例分析】

案例3-55：为满足体系持续改进的需求，某企业开展了如下考核工作：

（1）年末对各部门的知识产权目标进行考核，所有目标均已完成。计划于下年年初，结合公司的年度经营目标，决定是否需要调整知识产权目标。

（2）在本年度的管理评审会议中对知识产权方针进行了适宜性的评审，评审结果为适宜，暂不做修改；制定了一项改进计划：招聘或培养至少一名知识产权专业人员，目前计划正在落实中。

（3）本年度的内部审核中，共开具一般不符合项一项、观察项一项，对存在的不符合事实进行了纠正，并制定和落实了纠正措施，经验证纠正措施有效。

参考文献

[1] ISO 9001 – Its relevance and impact in Asian Developing Economies. UNITED NATIONS INDUSTRIAL DEVELOPMENT ORGANIZATION，Vienna，2012.

[2] 崔静思. http：//www. sipo. gov. cn/mtsd/1072085. htm.

[3] 百度百科. 核心员工词条. https：//baike. baidu. com/item/% E6% A0% B8% E5% BF% 83% E5% 91% 98% E5% B7% A5/445729？fr = aladdin.

[4] 卞志家，张辉，周静，等. 阿托伐他汀的专利保护现状分析 [J]. 中国发明与专利，2011（10）：44 – 49.

［5］2017年中国商标注册申请量574.8万件同比增长逾五成［EB/OL］. http：//
www. chinanews. com/cj/2018/01－18/8427846. shtml［2018－01－18］.

［6］百度百科. 知识产权评估词条. https：//baike. baidu. com/item/% E7% 9F% A5% E8%
AF% 86% E4% BA% A7% E6% 9D% 83% E8% AF% 84% E4% BC% B0/889221？fr = al.

［7］产业知识产权联盟建设指南［EB/OL］. http：//www. sipo. gov. cn/ztzl/ywzt/zldhsdgc/
cyzscqlm/201504/t20150428_ 1109400. html［2015－04－28］.

［8］边琳. 华为注重知识产权的经验与启示［J］. 大经贸，2016（5）.

［9］国家知识产权局专利复审委员会. 第29146号无效决定书；国家知识产权局专利复审
委员会. 第29147号无效决定书；北京知识产权法院. 行政判决书（2016）京73行
初4497号.

（本章撰稿人：

3.1：张恒君

3.2：李凌云、马建秀

3.3：夏颖

3.4.1 ~ 3.4.3：田恩涛

3.4.4 ~ 3.4.6：彭娟、马建秀

3.5.1 ~ 3.5.2：杨进军

3.5.3 ~ 3.5.5：赵婧

3.6：胡宇、马建秀）

《企业知识产权管理规范》符合性审核要点

4.1　知识产权管理体系

【审核提示】

　　《企业知识产权管理规范》（GB/T 29490—2013）是推荐性国家标准，当企业有意愿按照本标准要求管理企业知识产权时，可依据本标准构建知识产权管理体系，实施、运行并持续改进建立的知识产权管理体系，形成并保存体系运行后产生的记录，以保持体系的有效性和可追溯性。通过知识产权管理体系的运行，切实提高企业的知识产权创造、运用、保护和管理水平。本标准"4 知识产权管理体系"是对企业知识产权管理体系的总体要求，其符合性审核要点如表 4-1 所示。

表 4-1　知识产权管理体系

标准要求	审核要点	注释与指南
4 知识产权管理体系 4.1 总体要求 企业应按本标准的要求建立知识产权管理体系，实施、运行并持续改进，保持其有效性，并形成文件。	1. 是否按照本标准要求建立并实施知识产权管理体系； 2. 是否形成文件化的知识产权管理体系； 3. 知识产权管理体系是否有效运行； 4. 是否对知识产权管理体系进行持续改进	1. 应审核企业是否按照本标准的要求形成文件化的知识产权管理体系； 2. 体系运行的有效性是审核的重点之一； 3. 关注企业是否对体系进行持续改进

标准要求	审核要点	注释与指南
4.2 文件要求 **4.2.1 总则** 知识产权管理体系文件应包括： a）知识产权方针和目标； b）知识产权手册； c）本标准要求形成文件的程序和记录。	1. 知识产权管理体系文件是否包括方针、目标、手册、必要的程序文件和记录	1. 应审核企业的体系文件，包括方针、目标、手册、必要的程序文件和记录； 2. 程序文件至少涵盖本标准"形成文件的程序"的10处要求："4.2.4 外来文件与记录文件""5.3.3 法律和其他要求""6.4 信息资源""7.1 获取""7.2 维护""7.3.1 实施、许可和转让""7.4.1 风险管理""7.4.2 争议处理""7.6 保密""9.2 内部审核"； 3. 记录文件至少涵盖本标准形成"记录"的8处要求："6.1.2 b)教育与培训""6.1.2 c)教育与培训""6.1.2 d)教育与培训""7.1 c)获取""7.5 a)合同管理""8.2 f)研究开发""8.4 c)生产""8.5 c)销售和售后"
4.2.2 文件控制 知识产权管理体系文件是企业实施知识产权管理的依据，应确保： a）发布前经过审核和批准，修订后再发布前重新审核和批准； b）文件中的相关要求明确； c）按文件类别、秘密级别进行管理； d）易于识别、取用和阅读； e）对因特定目的需要保留的失效文件予以标记。	1. 体系文件发布、修订后再次发布前是否经过审核和批准； 2. 文件相关要求是否明确；管理是否规范；识别、取用和阅读是否方便； 3. 需要保留的失效文件是否有标记	

标准要求	审核要点	注释与指南
4.2.3 知识产权手册 编制知识产权手册并保持其有效性，具体内容包括： a）知识产权机构设置、职责和权限的相关文件； b）知识产权管理体系的程序文件或对程序文件的引用； c）知识产权管理体系过程之间相互关系的表述。	1. 是否编制形成知识产权手册并保持其有效性； 2. 手册内容是否包括知识产权机构、职责和权限的描述； 3. 是否在手册中识别知识产权相关过程、是否对相关过程间的相互关系进行表述； 4. 手册是否包括程序文件或是否对程序文件进行引用	
4.2.4 外来文件与记录文件 编制形成文件的程序，规定记录的标识、贮存、保护、检索、保存和处置所需的控制。对外来文件和知识产权管理体系记录文件应予以控制并确保： a）对行政决定、司法判决、律师函件等外来文件进行有效管理，确保其来源与取得时间可识别； b）建立、保持和维护记录文件，以证实知识产权管理体系符合本标准要求，并有效运行； c）外来文件与记录文件完整，明确保管方式和保管期限。	1. 是否建立知识产权外来文件和记录文件的控制程序并编制形成文件； 2. 知识产权外来文件和记录文件的控制程序是否涵盖 a）～c）的要求； 3. 外来文件和记录文件是否按照控制程序要求进行管理	该条款是对外来文件和记录文件的标识、贮存、保护、检索、保存和处置提出的要求，审核中应关注： 1. 行政决定、司法判决、律师函件等外来文件应识别为知识产权管理体系的外来文件； 2. 应建立、保持和维护记录文件，并有效运行； 3. 确保知识产权获取、维护、保护、运用等活动的外来文件完整、管理有效

【案例分析】

案例 4-1：某企业有两份文件均涉及知识产权激励的规定，且均为有效文件，但两份文件中对于知识产权创造的奖励规定不一致，其中一份文件规定一项发明授权后奖励 1 万元；另一份文件规定发明授权后奖励 2000 元。

由于两份文件的知识产权奖励规定不一致，导致知识产权激励要求不明确。不符合 GB/T 29490—2013 标准 4.2.2 条款 b）关于"文件中的相关要求明确"的规定。

案例 4-2：某企业已获授权某项发明专利，企业对该专利的受理通知书进行了保管；但未保管进入实质审查通知书、审查意见通知书、授予专利权通知书等外来文件。

上述做法不符合 GB/T 29490—2013 标准 4.2.4 条款 c）关于"外来文件与记录文件完整，明确保管方式和保管期限"的规定。

4.2 管理职责

4.2.1 管理承诺

【审核提示】

最高管理者是企业知识产权管理的第一责任人，通过文件审核、面谈等方式，了解企业最高管理者在企业知识产权管理中的职责。主要了解是否由最高管理者制定知识产权方针与目标；最高管理者是否对知识产权管理职责和权限进行明确并确保有效沟通；最高管理者是否确保资源得到有效配备；最高管理者是否组织管理评审。本标准条款"5.1 管理承诺"是对企业最高管理者的总体要求，其符合性审核要点如表 4-2 所示。

表 4-2　管理承诺

标准要求	审核要点	注释与指南
5 管理职责 5.1 管理承诺 最高管理者是企业知识产权管理的第一责任人，应通过以下活动实现知识产权管理体系的有效性： a）制定知识产权方针；	1. 企业的知识产权管理第一责任人是否为最高管理者； 2. 是否制定了知识产权方针，知识产权方针是否由最高管理者批准	1. 应确认企业的知识产权管理第一责任人是否为最高管理者； 2. 应审核知识产权方针的内容，与最高管理者沟通方针制定的思路和过程
b）制定知识产权目标；	是否制定了知识产权目标，知识产权目标是否由最高管理者批准	审核知识产权目标的内容，与最高管理者沟通目标制定的思路和过程
c）明确知识产权管理职责和权限，确保有效沟通；	1. 是否对各部门的知识产权管理职责和权限进行了明确； 2. 各部门间的沟通接口是否顺畅，是否做到及时有效地沟通	审核企业的组织架构、各部门职责描述、职能分配表，与最高管理者沟通知识产权管理职责和权限识别划分过程
d）确保资源的配备；	1. 了解企业为知识产权管理体系配备了哪些资源； 2. 配备的资源是否满足体系运行的要求	资源包括人力资源、基础设施、财务资源和信息资源： 1. 人力资源：知识产权工作人员的配备情况； 2. 基础设施：包括软硬件设备及办公场所； 3. 财务资源：是否建立了知识产权经常性预算； 4. 信息资源：信息资源收集渠道、信息数据库等
e）组织管理评审。	1. 是否举行了管理评审； 2. 最高管理者是否组织并参加管理评审； 3. 管理评审是否规范进行	与最高管理者沟通了解管理评审进行的情况，评审了哪些方面的内容，会议结束后重新配置了哪些资源，产生了哪些记录

审核中，应关注最高管理者是否为企业知识产权管理工作的第一责任人以及最高管理者对知识产权管理体系的期望和在体系建立中承担的职责，体系是否满足"领导重视"原则。

4.2.2 知识产权方针

【审核提示】

审核时，应关注知识产权方针的签批过程、签批人、方针的具体内容和公司员工对于方针的理解情况，以及在管理评审中方针的持续适宜性是否得到评审等。本标准"5.2 知识产权方针"是对企业知识产权方针的要求，其符合性审核要点如表 4－3 所示。

表 4－3 知识产权方针

标准要求	审核要点	注释与指南
5.2 知识产权方针 最高管理者应批准、发布企业知识产权方针，并确保方针：	方针是否经过最高管理者批准，是否已经发布	应审核方针是否由最高管理者批准，并审核发布情况
a）符合相关法律和政策的要求；	方针是否符合法律和政策要求	相关法律和政策包括知识产权有关法律法规和政策，如：《中华人民共和国专利法》《中华人民共和国商标法》《中华人民共和国著作权法》《中华人民共和国反不正当竞争法》《国家知识产权战略纲要》等
b）与企业的经营发展相适应；	方针是否符合企业发展现状与发展预期，是否能指引企业知识产权工作的发展方向	
c）在企业内部得到有效运行；	是否对方针的制定、批准、发布、宣传、贯彻及修改活动建立控制以使方针在企业内部得到有效运行	
d）在持续适宜性方面得到评审；	是否针对方针的持续适宜性进行评审	方针的持续适宜性的评审可在企业的管理评审活动时进行；或者当内外部环境发生重大变化时进行，必要时可修改方针

标准要求	审核要点	注释与指南
e）形成文件，付诸实施，并予以保持；	方针是否形成文件，是否付诸实施并予以保持	
f）得到全体员工的理解。	1. 是否向全员发布； 2. 是否被员工理解	了解企业宣传贯彻方针的措施，审核管理层，抽样了解各层级员工对于方针的理解情况

知识产权方针是企业知识产权的发展方向和纲领性文件，企业应根据自身状况，制定合理、有效的知识产权方针。

【案例分析】

案例4-3：某企业的知识产权方针"要像管理人民币一样管理和保护知识产权"[1]，含义是：

（1）知识产权是该企业在长期发展过程中不断创造和积累形成的重要无形资产，是公司财富的象征，具有极高的经济价值、技术价值、文化价值和社会价值；

（2）知识产权是该企业赖以生存和可持续发展的核心竞争力，是公司参与市场竞争的一种重要的商业手段和软实力；

（3）知识产权作为该企业的创新成果和竞争优势，需要公司进行科学、规范、严格的管理，并有效应用于企业生产经营实际，以提高公司市场竞争力和管理水平；

（4）知识产权作为企业无形资产，需要全体员工给予爱护，需要企业给予有效的法律保护。

4.2.3 策划

4.2.3.1 知识产权管理体系策划

【审核提示】

审核中，应关注是否理解并根据相关方需求，策划知识产权获取、维护、运用和保护活动的运行控制方式，体系持续改进的方式等。本标准"5.3.1知识产权管理体系策划"是对企业最高管理者在知识产权管理体系进行策划的要求，其符合性审核要点如表4-4所示。

表4-4　知识产权管理体系策划

标准要求	审核要点	注释与指南
5.3 策划 5.3.1 知识产权管理体系策划 最高管理者应确保： a) 理解相关方的需求，对知识产权管理体系进行策划，满足知识产权方针的要求；	1. 了解体系建立过程，明确在建立过程中是否考虑并理解了相关方需求； 2. 体系对于活动的要求与控制是否与知识产权方针一致	体系策划是建立体系的关键环节之一
b) 知识产权获取、维护、运用和保护活动得到有效运行和控制；	1. 知识产权获取、维护、运用和保护活动是否形成有效控制； 2. 初步审核知识产权获取、维护、运用和保护活动的运行情况	本标准第7章对知识产权获取、维护、运用和保护活动提出具体要求，相关活动将在相关职能部门审核
c) 知识产权管理体系得到持续改进。	1. 审核体系的持续改进，至少包括内部审核、管理评审等； 2. 对在内部审核、外审或平常工作中检查出现的不符合项的纠正、改进情况	1. 企业是否定期开展检查、分析、评价工作以确保持续改进； 2. 对已出现和潜在的不符合项是否采取纠正和/或纠正措施； 3. 检查、分析、评价包括内部审核、管理评审、外部审核及平常工作中的自查等

　　知识产权管理体系策划过程是建立知识产权管理体系的重要环节之一，只有充分识别了相关方的需求，并采取措施予以满足，才能建立适应企业发展需求的知识产权管理体系并有效运行。

4.2.3.2　知识产权目标

【审核提示】

　　审核中，需注意知识产权目标与知识产权方针在内容上的一致性和延续性，知识产权目标的审批发布情况，是否进行了目标的分解与考核，以及目标中是否含有持续改进承诺等。本标准"5.3.2 知识产权目标"是对企业设立知识产权目标的要求，其符合性审核要点如表 4-5 所示。

表 4-5　知识产权目标

标准要求	审核要点	注释与指南
5.3.2 知识产权目标 最高管理者应针对企业内部有关职能和层次，建立并保持知识产权目标，并确保：	1. 知识产权目标是否由最高管理者建立并保持； 2. 知识产权目标是否分职能和层次	1. 知识产权目标的层次，按时间跨度一般分为长期目标、中期目标、年度目标等； 2. 企业内部职能，例如，体系覆盖的职能部门，应建立部门的知识产权目标。注意：本标准要求"相关职能"，意味着并非要求企业的所有职能部门都必须建立知识产权分解目标
a）形成文件并且可考核；	1. 知识产权目标是否形成文件； 2. 知识产权目标是否能够考核	1. 应审核企业形成的知识产权目标文件； 2. 知识产权目标是否能够考核，并进一步审核企业对知识产权目标的考核活动； 3. 知识产权目标的考核，可以是定量考核，也可以是定性考核
b）与知识产权方针保持一致，内容包括对持续改进的承诺。	1. 知识产权目标与知识产权方针是否保持一致； 2. 知识产权目标的内容是否包括对持续改进的承诺	

　　知识产权目标的建立、保持与考核是贯彻知识产权方针、实现企业知识产权发展愿景的基本手段。在建立目标时，要充分理解知识产权方针，与知识产权方针保持一致。进行目标分解时，应充分考虑各部门在体系中承担的职责，建立全面、合理的考核指标。同时，应重视分解目标的考核过程以及考核结果的跟进落实情况。

【案例分析】

　　案例 4-4：某企业的研发部和生产部为其专利申请的主要技术来源，技术管理部负责管理专利申请工作。该企业于年初制定了年度知识产权目标，其中包括新申请专利 N 项，但未就该目标进行分解。年终考核时，三个部门之间相互推卸考核责任。出现该问题的原因在于该企业未按其各部门的职能和层次建立目标，导致目标不可考核，一定程度上阻碍了体系的持续有效运行。

4.2.3.3 法律和其他要求

【审核提示】

审核中，要结合企业情况，关注企业是否识别出了适合于企业的知识产权相关法律法规，并进行及时更新及发送给员工进行充分的学习了解，从而为企业规避经营风险、守法经营奠定基础。本标准"5.3.3 法律和其他要求"是对企业运用知识产权相关法律的要求，其符合性审核要点如表 4−6 所示。

表 4−6　法律和其他要求

标准要求	审核要点	注释与指南
5.3.3 法律和其他要求 最高管理者应批准建立、实施并保持形成文件的程序，以便：	1. 企业是否建立了法律法规和其他要求程序文件，程序文件中记载的内容是否覆盖了 a）和 b）的要求； 2. 该程序文件是否由最高管理者批准	应形成程序文件，对法律和其他要求的识别、获取、更新、传达等做出程序上的控制
a）识别和获取适用的法律和其他要求，并建立获取渠道；	1. 是否建立了获取适用的法律和其他要求的渠道； 2. 对适用的法律和其他要求是否进行了识别和获取	1. 审核时，要评估获取渠道的全面性； 2. 评价企业识别的法律和其他要求是否全面、是否适用
b）及时更新有关法律和其他要求的信息，并传达给员工。	1. 是否对获取的法律和其他要求进行及时更新； 2. 法律和其他要求是如何向员工传达的，有效性如何	1. 审核时，要注意鉴别企业识别的法律法规是否为现行有效版本； 2. 审核企业向员工传达的有效性

【案例分析】

案例 4−5：某公司与全体员工签订竞业限制协议，约定的竞业限制期限是 3 年。

《劳动合同法》第二十四条规定：

"竞业限制的人员限于用人单位的高级管理人员、高级技术人员和其他负有保密义务的人员。竞业限制的范围、地域、期限由用人单位与劳动者约定，竞业限制的约定不得违反法律、法规的规定。

"在解除或者终止劳动合同后，前款规定的人员到与本单位生产或者经营同类产品、从事同类业务的有竞争关系的其他用人单位，或者自己开业生产或者经营同类产品、从事同类业务的竞业限制期限，不得超过二年。"

该公司未能识别和遵守《劳动合同法》中的相关要求，导致签订竞业限制协议的人员范围过大，且竞业限制的期限（3 年）超出了法律规定的时间（2 年），为后期的竞业限制的执行带来了风险。

案例 4-6：某公司新印刷并使用的产品宣传册，包括了该公司曾获得授权、但目前属于失效状态的实用新型。

《中华人民共和国广告法》（以下简称《广告法》）第十二条规定：

"广告中涉及专利产品或者专利方法的，应当标明专利号和专利种类。

"未取得专利权的，不得在广告中谎称取得专利权。

"禁止使用未授予专利权的专利申请和已经终止、撤销、无效的专利作广告。"

该公司未能识别和遵守《广告法》中的相关要求，使用无效专利做广告，导致公司的广告宣传行为违反相关规定。

案例 4-7：某企业《法律法规和其他要求清单》中，收录了施行日/修订日为 2006 年 11 月 13 日的《专利费用减缓办法》，但该办法已于 2016 年 9 月 1 日废止，最新的《专利费用减缴办法》提高了专利费用减缴的门槛，第三条第（二）款规定：上年度企业应纳税所得额低于 30 万元的企业"，可以向国家知识产权局请求减缴部分收费。

受审核方没有及时更新有关法律和其他要求的信息，可能导致的问题包括但不限于：误以为取得了费用减缓资格，只缴纳 750 元实质审查费，但实际需要缴纳 2500 元实质审查费，缴费不足导致专利申请被视为撤回。

4.2.4 职责、权限和沟通

4.2.4.1 管理者代表

【审核提示】

审核时，应审核管理者代表的资质和授权，管理者代表是否清楚自己的职责，通过谈话与查阅等方式，获得管理者代表职责履行的情况。本标准"5.4.1 管理者代表"是对管理者代表资质和职责的要求，其符合性审核要点如表4-7所示。

表4-7 管理者代表

标准要求	审核要点	注释与指南
5.4 职责、权限和沟通 5.4.1 管理者代表 最高管理者应在企业最高管理层中指定专人作为管理者代表，授权其承担以下职责：	1. 管理者代表应属于企业最高管理层，参与企业决策； 2. 管理者代表应由最高管理者任命	一般情况下企业管理者代表由一人担任；根据企业需要，管理者代表可设置多人。管理者代表也可以由最高管理者兼任
a) 确保知识产权管理体系的建立、实施和保持； b) 向最高管理者报告知识产权管理绩效和改进需求； c) 确保全体员工对知识产权方针和目标的理解； d) 落实知识产权管理体系运行和改进需要的各项资源； e) 确保知识产权外部沟通的有效性。	管理者代表职责与履行情况	审核管理者代表的职责及其履行情况，可通过相关记录佐证： 1. 通过何种方式确保体系的建立、实施和保持； 2. 是否向最高管理者报告知识产权管理绩效和改进需求，并提供相关证据； 3. 通过哪些方式确保全体员工对知识产权方针和目标的理解； 4. 为知识产权管理体系运行和改进，落实了哪些资源； 5. 知识产权外部沟通的工作形式或内容是否有效

管理者代表是体系建立、实施及运行的关键人员，应有资质有能力，并切实负起相关职责，才能保证体系运行的有效性。

【案例分析】

案例4-8：某公司委派行政部下的知识产权专员担任管理者代表，负责知识产权管理体系的整体工作。该知识产权专员并非企业最高管理层成员，不能参加该公司的最高层经营会议，没有及时了解企业的技术与经营未来发展规划，导致该企业的知识产权管理体系未能及时服务于该企业的未来经营发展规划。

4.2.4.2　机构

【审核提示】

审核中，应关注知识产权管理机构的设置、具体工作机制、本标准中要求的职责的履行情况等。本标准"5.4.2 机构"是对知识产权管理机构的设立及其职责的要求，其符合性审核要点如表4-8所示。

表4-8　机构

标准要求	审核要点	注释与指南
5.4.2 机构 建立知识产权管理机构并配备专业的专职或兼职工作人员，或委托专业的服务机构代为管理，承担以下职责：	1. 是否建立了知识产权管理机构； 2. 知识产权管理机构中是否有专业的专职或兼职从事知识产权管理的人员； 3. 如没有专业的专职或兼职知识产权管理的人员，是否委托专业的服务机构代为管理； 4. 委托服务机构能否有效开展相关工作，从而支撑企业知识产权管理体系运行	1. 建立知识产权管理机构是本标准要求，但并非必须以知识产权名义重新设立一个部门； 2. 建立机构后，可以采取专职管理人员、兼职管理人员或委托专业的服务机构代为管理的模式。
a）制定企业知识产权发展规划；	是否制定了知识产权发展规划或者企业整体发展规划包含知识产权规划	
b）建立知识产权管理绩效评价体系；	是否建立了知识产权管理绩效评价体系	知识产权管理绩效评价体系，并非要求是独立体系，可以融入企业其他评价体系，如可将知识产权指标融入KPI机制，其重点在于对知识产权的管理进行考核与评价

标准要求	审核要点	注释与指南
c) 参与监督和考核其他相关管理机构;	知识产权管理机构是否对其他部门的知识产权工作进行监督;是否参与了对其他部门的绩效考核	知识产权管理机构可通过内部审核、管理评审、年终考核、企业会议、内部检查等多种形式参与监督和考核其他相关管理机构
d) 负责企业知识产权的日常管理工作。	知识产权管理机构是否负责日常知识产权管理工作	该职责的审核贯穿审核全过程
其他管理机构负责落实与本机构相关的知识产权工作。	审核其他部门是否明确各自承担的知识产权工作职责,关注工作完成情况	

知识产权管理机构并非要求企业一定要成立专门的知识产权部,能够承担知识产权的管理工作和体系要求的部门即可作为知识产权管理机构。

4.2.4.3 内部沟通

【审核提示】

本标准"5.4.3 内部沟通"是对企业内部知识产权工作沟通的要求,其符合性审核要点如表4-9所示。审核时,主要关注内部沟通渠道的有效性和顺畅性。

表4-9 内部沟通

标准要求	审核要点	注释与指南
5.4.3 内部沟通 建立沟通渠道,	是否建立了内部沟通渠道	企业可以会议、讨论、面谈、邮件、微信群、工作群等作为内部沟通渠道
确保知识产权管理体系有效运行。	内部沟通渠道是否顺畅有效	有效性是内部沟通审核的重点

建立内部沟通渠道,可以及时解决体系运行中出现的各种问题,保持体系顺畅高效运行。

【案例分析】

案例4-9:某企业《知识产权手册》规定了综合部的职责包括"负责公司员工合理化建议的收集及知识产权奖励的管理",审核员询问综合部相关人员是否落实对员工申请知识产权的奖励，其表示不清楚上述职责，且未能提供技术创新项目申报和知识产权奖励的相关记录。进一步询问，相关人员表示在体系建立之后才入职，领导告知其担任部门知识产权联络人，但未告知其具体职责。

该企业出现此问题的根源在于人员流动较大，而沟通渠道不顺畅，不能确保知识产权管理体系有效运行。

4.2.5 管理评审

【审核提示】

管理评审是保持体系持续改进的重要工具，审核时会重点关注最高管理者组织管理评审的过程及内容，改进措施的跟踪落实情况等。本标准"5.5 管理评审"是对企业进行管理评审的要求，其符合性审核要点如表4-10所示。

表4-10 管理评审

标准要求	审核要点	注释与指南
5.5 管理评审 5.5.1 评审要求 最高管理者应定期评审知识产权管理体系的适宜性和有效性。	1. 是否定期针对知识产权管理体系的适应性和有效性进行管理评审； 2. 管理评审是否由最高管理者组织进行	1. 应审核最高管理者管理评审的组织与实施情况，关注评审的结论、资源的改进需求等，考察管理评审的有效性与适宜性； 2. 审核中可关注管理评审计划、管理评审报告等文件性材料
5.5.2 评审输入 评审输入应包括： a) 知识产权方针、目标； b) 企业经营目标、策略及新产品、新业务规划； c) 企业知识产权基本情况及风险评估信息； d) 技术、标准发展趋势； e) 前期审核结果。	管理评审的输入材料是否涵盖本标准 a) ~ e) 条款的内容	1. 评审输入材料可有多种形式，包括评审输入报告、评审 PPT、工作总结等； 2. 一般初次认证时，前期审核是指企业之前开展的内部审核； 3. 监督审核和再认证时，前期审核可包括内部审核、上年度的外部审核等

标准要求	审核要点	注释与指南
5.5.3 评审输出 评审输出应包括： a) 知识产权方针、目标改进建议； b) 知识产权管理程序改进建议； c) 资源需求。	管理评审的输出材料是否涵盖本标准 a) ～c) 条款的内容	1. 知识产权管理程序改进建议可包括对手册、程序文件、管理制度等规定的知识产权管理程序的改进； 2. 资源需求可包括人力资源、基础设施、财务资源及信息资源等各项资源的需求

【案例分析】

案例 4 -10：某企业最高管理者在审核时表示不了解管理评审相关工作。管理评审计划、管理评审会议签到表、管理评审报告、会议记录等材料中均无最高管理者参加的证据，表明该企业最高管理者未实质参与管理评审工作，该企业管理评审的有效性存在严重缺陷。

4.3　资源管理

企业开展知识产权管理活动的基础资源包括人力资源、基础设施、财务资源和信息资源，通过查阅文件、现场巡视、面谈交流等各种方式了解企业是否对人力资源、基础设施、财务资源和信息资源进行了有效管理，从而为知识产权管理活动的开展提供不可或缺的保障性资源。审核中，分别从人力资源、基础设施、财务资源和信息资源这四个方面考察企业是否实现了企业知识产权资源的有效管理。

4.3.1　人力资源

【审核提示】

对于人力资源的管理，企业应明确知识产权工作人员的任职条件，配置必要的知识产权工作人员，建立教育和培训机制，在人事合同、入职、离职等重要环节，嵌入知识产权保障条款，并建立完善的知识产权激励机制，鼓励员工知识产权创造、保护和运用的积极性。本标准"6.1 人力资源"是对企业人力资源管理的具体要求，其符合性审核要点如表4-11所示。

表4-11　人力资源

标准要求	审核要点	注释与指南
6.1 人力资源 6.1.1 知识产权工作人员 明确知识产权工作人员的任职条件，并采取适当措施，确保从事知识产权工作的人员满足相应的条件。	1. 是否规定了知识产权工作人员的任职条件； 2. 知识产权工作人员是否满足任职条件的要求； 3. 若知识产权工作人员未能满足任职要求，是否制定了适当的措施可确保其满足条件	1. 应审核知识产权工作人员（包括专职、兼职人员）的任职条件； 2. 应调查知识产权工作人员是否能满足任职条件的要求； 3. 若知识产权工作人员未能满足任职要求，审核员应调查是否采取了相应的措施（如培训等）
6.1.2 教育与培训 组织开展知识产权教育培训，包括以下内容： a）规定知识产权工作人员的教育培训要求，制定计划并执行； b）组织对全体员工按业务领域和岗位要求进行知识产权培训，并形成记录； c）组织对中、高层管理人员进行知识产权培训，并形成记录； d）组织对研究开发等与知识产权关系密切的岗位人员进行知识产权培训，并形成记录。	1. 是否对知识产权工作人员的教育培训要求有规定，是否根据该教育培训的要求制定知识产权培训计划并执行； 2. 是否针对全体员工、中高层管理人员、研发等与知识产权关系密切的岗位人员进行了培训； 3. 针对全体员工、中高层管理人员、研发等与知识产权关系密切的岗位人员的培训是否形成相应的培训记录	1. 应查看知识产权培训计划或培训实施记录，培训对象是否覆盖知识产权工作人员、全体员工、中高层管理人员以及研发等与知识产权关系密切岗位人员，全员培训是否按业务领域和岗位要求进行策划和安排； 2. 应审核各培训的实施与执行情况，并检查相应的培训记录
6.1.3 人事合同 通过劳动合同、劳务合同等方式对员工进行管理，约定知识产权权属、保密条款；明确发明创造人员享有的权利和负有的义务；必要时应约定竞业限制和补偿条款。	1. 是否与体系覆盖的全体员工签订劳动合同、劳务合同或其他补充协议； 2. 与员工签订的劳动合同、劳务合同或其他补充协议中是否对知识产权权属、保密条款及发明创造人员享有的权利和负有的义务进行了约定； 3. 企业对于"约定竞业限	1. 可查看人员花名册，抽样查看员工所签订的劳动合同、劳务合同或其他补充协议； 2. 应审核员工已签订的劳动合同、劳务合同或其他补充协议中是否约定了知识产权权属、保密条款并明确发明创造人员享有的权利和负有的义务；

标准要求	审核要点	注释与指南
	制"和"必要时"的识别	3. 合同相关知识产权条款,如竞业限制是否满足相关法律规定; 4. 查验企业是否按照约定实施,是否按约定给予竞业限制人员一定补偿
6.1.4 入职 对新入职员工进行适当的知识产权背景调查,以避免侵犯他人知识产权; 对于研究开发等与知识产权关系密切的岗位,应要求新入职员工签署知识产权声明文件。	1. 是否对新入职员工进行知识产权背景调查,是以何种方式进行调查的; 2. 对于研究开发等与知识产权关系密切岗位的新入职员工,是否签署知识产权声明文件	1. 可查看入职人员花名册,抽样查看新入职员工相关资料,检查是否进行了背景调查,进行调查的方式和证据; 2. 应检查对于研究开发等与知识产权关系密切的岗位的新入职员工是否签署了知识产权声明文件
6.1.5 离职 对离职的员工进行相应的知识产权事项提醒;涉及核心知识产权的员工离职时,应签署离职知识产权协议或执行竞业限制协议。	1. 是否对离职员工进行知识产权事项提醒,是以何种方式进行提醒的; 2. 对于涉及核心知识产权员工离职时,是否签署了知识产权协议或执行已签署的竞业限制协议	1. 可查看离职人员名单,抽样查看离职员工相关资料,检查是否进行了事项提醒;提醒事项是否充分有效; 2. 应检查对于涉及核心知识产权员工离职时,是否签署了知识产权协议或执行已签署的竞业限制协议
6.1.6 激励 明确员工知识产权创造、保护和运用的奖励和报酬;明确员工造成知识产权损失的责任。	1. 是否明确员工知识产权创造、保护和运用的奖励和报酬; 2. 是否有相应的知识产权奖励记录; 3. 是否明确员工造成知识产权损失的责任; 4. 是否有造成知识产权损失的惩处记录	1. 应查看知识产权手册、奖惩制度或其他体系文件,查看体系文件中是否明确员工知识产权创造、保护和运用的奖励和报酬; 2. 应查看知识产权奖励记录,并查看奖励记录是否与体系文件的规定相一致; 3. 应查看知识产权手册、奖惩制度或其他体系文件,查看体系文件中是否明确员工造成知识产权损失的责任; 4. 应查看造成知识产权损失人员的惩处记录,并查看惩处记录是否与体系文件的规定相一致

【案例分析】

案例4-11：查深圳某公司的《培训工作计划》，培训内容均为：企业知识产权管理规范内容的宣传与贯彻，接受培训的人员包括：总经理、管理者代表、技术中心主任、供应部部长、生产部部长等各部门领导（各部门领导培训后，向各自部门基层宣达），以及知识产权管理人员、技术中心人员等，人员覆盖了全体员工。

上述案例中深圳某公司所制定的培训计划，接受培训的人员覆盖全体员工，包括中高层管理人员以及研发等与知识产权关系密切岗位人员，但培训内容单一，仅为"企业知识产权管理规范内容的宣传与贯彻"，未体现按业务领域和岗位要求进行培训的要求，不能满足本标准6.1.2 b）条款关于"组织对全体员工按业务领域和岗位要求进行知识产权培训，并形成记录"的要求。

案例4-12：查某企业新入职技术人员王某的《劳动合同书》。该合同书没有约定知识产权权属、保密条款，也没有明确发明创造人员享有的权利和负有的义务。但王某与公司签订的《保密及知识产权补充协议》第七条为保密条款和知识产权权属的约定，第十条明确了发明创造人员享有的权利和负有的义务。

查该企业老员工技术人员徐某的《劳动合同书》。该合同书没有约定知识产权权属、保密条款，也没有明确发明创造人员享有的权利和负有的义务。且徐某也未补充签订《保密及知识产权补充协议》。

上述案例中，针对体系运行之后新入职的王某签订了《保密及知识产权补充协议》，该补充协议中约定了知识产权权属、保密条款，明确发明创造人员享有的权利和负有的义务，而对于体系运行之前入职的徐某仅签订了《劳动合同书》，并未签订《保密及知识产权补充协议》，该合同书中没有约定知识产权权属、保密条款，也没有明确发明创造人员享有的权利和负有的义务，不能满足本标准6.1.3条款关于"通过劳动合同、劳务合同等方式对员工进行管理，约定知识产权权属、保密条款；明确发明创造人员享有的权利和负有的义务；必要时应约定竞业限制和补偿条款"的要求。

为了保护企业利益，应不区分员工的入职时间，与体系覆盖的全部员工约定知识产权权属、保密条款。

案例4-13：某企业A引进一高端技术人才B，拟就B研发的产品C投入生产，并为此花费大量成本购买了专用设备、扩大了生产线、招聘了生产工人。量产前期，B的前东家企业D发送律师函给企业A，声明产品C对应的技术方案已于B在企业D就职期间申请了职务发明，专利权归属企业D，若企业A继续生产，则涉嫌侵权。企业A不得不停止生产计划、遣散生产工人，造成了巨大损失。原因之一在于企业A在B入职时未对其进行知识产权背景调查，从而带来不必要的风险，不能满足本标准6.1.4条款关于"对新入职员工进行适当的知识产权背景调查，以避免侵犯他人知识产权"的要求。

案例4-14：员工王某在2017年7月从A公司离职加入B公司，A公司市场人员在2017年11月发现有大量和本公司类似的产品C流入市场，经查，产品C出自B公司，经过进一步调查，王某2017年7月从A公司办理离职手续期间带走了大量的A公司产品设计图纸，而A公司的人力资源部在为王某办理离职手续期间未对其进行相应的知识产权事项提醒，也未就保密义务进行重申，导致王某未意识到带走设计图纸属于商业违规行为，进而给A公司带来了不利影响。

案例4-15：某企业知识产权相关文件包括《知识产权管理总则》《专利申请奖励办法》等，其中《知识产权管理总则》明确了员工造成知识产权损失的责任，在《专利申请奖励办法》中明确了员工知识产权创造的奖励和报酬，但均未明确员工进行知识产权保护的奖励与报酬，不能满足标准6.1.6条款关于"明确员工知识产权创造、保护和运用的奖励和报酬"的规定。

企业应建立完善的知识产权激励措施体系，不仅包括激励创造，还应鼓励员工进行知识产权运用和保护的积极性，营造尊重知识产权、尊重创新的文化氛围。

4.3.2 基础设施

【审核提示】

对于基础设施的管理，企业开展知识产权管理工作，应有专门的办公场所并具备必要的软硬件资源。本标准"6.2 基础设施"是对企业基础设施资源管理的具体要求，其符合性审核要点如表4-12所示。

表4-12 基础设施

标准要求	审核要点	注释与指南
6.2 基础设施 根据需要配备相关资源，以确保知识产权管理体系的运行： a）软硬件设备，如知识产权管理软件、数据库、计算机和网络设施等； b）办公场所。	1. 是否配备了知识产权管理体系运行所需的软硬件设备； 2. 是否有固定的办公场所	1. 应询问并现场查看软硬件设备的配备情况； 2. 应询问并现场查看办公场所的情况

4.3.3 财务资源

【审核提示】

财务资源是开展知识产权工作的必要资源，应设立知识产权经常性预算，保障知识产权工作的正常进行。标准"6.3 财务资源"是对企业财务资源管理的具体要求，其符合性审核要点如表4-13所示。

表4-13 财务资源

标准要求	审核要点	注释与指南
6.3 财务资源 应设立知识产权经常性预算费用，以确保知识产权管理体系的运行： a）用于知识产权申请、注册、登记、维持、检索、分析、评估、诉讼和培训等事项； b）用于知识产权管理机构运行； c）用于知识产权激励； d）有条件的企业可设立知识产权风险准备金。	1. 是否设立了知识产权经常性预算费用； 2. 所设立的预算项目是否涵盖a）~c）的相关要求； 3. 若企业知识产权管理体系要求设立知识产权风险准备金，则按照要求审核； 4. 对于预算项目和金额可结合企业实际支出情况判断预算制定的合理性和有效性	1. 应查看知识产权费用预算表，包括预算项目和金额，预算项目至少涵盖a）~c）的相关要求； 2. 若要求设立知识产权风险准备金，则预算项目中需涵盖知识产权风险准备金； 3. 可结合企业实际支出情况查看知识产权费用预算的项目和金额，必要时抽取对应支出情况的记录

4.3.4　信息资源

【审核提示】

对于信息资源的管理，企业应该在知识产权信息检索与分析、数据库建设等方面建立必要的机制和程序，增加知识产权信息的积累，建立知识产权风险预警机制，有效预防知识产权风险，确保企业在市场竞争中处于有利地位。本标准"6.4信息资源"是对企业信息资源管理的具体要求，其符合性审核要点如表4-14所示。

表4-14　信息资源

标准要求	审核要点	注释与指南
6.4信息资源 应编制形成文件的程序，以规定以下方面所需的控制：	是否建立了信息资源控制程序并编制形成文件，且该程序文件是否涵盖a）~d）的相关要求	应查看是否建立信息资源控制程序并涵盖a）~d）的相关要求
a）建立信息收集渠道，及时获取所属领域、竞争对手的知识产权信息；	是否建立信息收集渠道，并利用该渠道收集相关知识产权信息，包括所属领域和竞争对手的信息	应查看或询问企业是否建立信息收集渠道，是否收集了所属领域和竞争对手的知识产权信息
b）对信息进行分类筛选和分析加工，并加以有效利用；	1. 对于已收集的所属领域和竞争对手的知识产权信息，是否进行了分类筛选和分析加工； 2. 是否对筛选出的信息进行了有效利用	应查看已收集的知识产权信息是否进行了进一步的分析加工，加工后的知识产权信息是否运用到知识产权管理的具体环节，如立项前的风险评估等
c）在对外信息发布之前进行相应审批；	对于需要对外发布的信息，是否在发布之前进行了审批	应查验信息对外发布的渠道，如官网、微信公众号、展会等，检查相应渠道发布信息前是否经过了审批
d）有条件的企业可建立知识产权信息数据库，并有效维护和及时更新。	若经过企业识别，要求建立知识产权信息数据库，则按照企业要求审核是否建立信息数据库，并进行有效维护和及时更新	

【案例分析】

案例 4-16：浙江某企业的知识产权工程师张某，每月都会收集所属领域和竞争对手的专利信息，并建立专利信息台账，该台账上登记的信息包括专利名称、申请号、申请日、发明人等，但张某没有对台账上的专利信息进行加工分析形成相应的检索分析报告，也没有将专利信息台账及时提交给研发部门，导致研发部门遗漏了两项较为相关的专利技术，造成研发成果落入上述两项专利的保护范围，最后不得不与上述专利的专利权人谈判并另外花费了大量资金获得上述专利的许可。

根据 GB/T 29490—2013 标准的 6.4 条款，企业不仅要收集知识产权信息，还需要对收集到的信息进行加工分析（包括各关键技术的专利数量、地域分布和专利权人信息等）形成相应的检索分析报告，并将检索分析结果及时提交给研发部门，提高研发起点，规避专利风险。

4.4 基础管理

4.4.1 获取

【审核提示】

通过查阅程序文件、记录文件及其他相关资料和交谈的方式了解企业在知识产权获取过程中是否制定知识产权目标、是否进行必要的检索、是否保持相关获取记录、是否保障发明创造人员的署名权等，以确保企业在知识产权获取过程中的管理符合本标准要求。本标准"7.1 获取"是对企业知识产权获取的具体要求，其符合性审核要点如表 4-15 所示。

表 4－15 获取

标准要求	审核要点	注释与指南
7 基础管理 7.1 获取 应编制形成文件的程序，以规定以下方面所需的控制： a）根据知识产权目标，制定知识产权获取的工作计划，明确获取的方式和途径；	1. 是否建立知识产权获取控制程序并形成文件； 2. 知识产权获取控制程序是否涵盖 a）～c）相关要求； 3. 是否制定了知识产权获取的工作计划，制定的工作计划是否与知识产权目标相对应，获取的方式和途径是否明确	应审核获取工作计划与知识产权目标之间的符合性，获取的方式和途径包括但不限于自主研发、合作研发、购买和受让等
b）在获取知识产权前进行必要的检索和分析；	在知识产权获取前是否进行了检索，是否根据检索结果进行了分析	在知识产权获取前开展必要的检索和分析，尤其是专利与商标，获取前的检索分析对后续审批程序以及获取权利的范围大小与稳定性等具有密切关系。 检索分析工作根据企业需求，根据待获取知识产权对企业的影响程度，选择自行检索或委托检索
c）保持知识产权获取记录；	保存与管理知识产权获取相关的记录，包括技术交底书、中间文件等	以书面记录为主，包括纸质文件、电子文件等形式
d）保障发明创造人员的署名权。	是否保障了实际发明人或设计人的署名权	本标准只要求保障发明人的署名权，并未对署名权的排名提要求

"在获取知识产权前进行必要的检索和分析"是指知识产权在获取前都要进行检索和分析，尤其是针对专利和商标，"必要的"是指对不同知识产权制定不同程度的检索与分析，如核心知识产权要开展专业的、全面的检索与分析，重要程度不高的知识产权检索与分析可以根据企业资源适度简化。

【案例分析】

案例 4－17：某公司 2017 年的年度目标是：专利申请数≥5 项，发明专利申请数≥1项，但没有根据该目标制定相应的获取工作计划，导致年终考核时未达成目标。

案例 4-18：某公司针对一核心产品申请发明专利前进行了检索，但仅检索了专利，未检索期刊文献。申请提交后，国家知识产权局审查员检索到一篇先公开的期刊文献，其记载的技术内容与该公司申请的发明专利请求保护的技术方案基本一致，导致该专利不具备创造性被驳回。出现该问题的原因在于检索不充分，忽略了非专利文献的检索。

案例 4-19：佛山某企业认为目前员工流动性较大，如果在其职务发明申请中署名，其离职后会影响公司的专利权而未给其署名。这种现象是企业对知识产权署名权与所有权之间的区别理解不准确的表现。署名权是员工的人身权，不能被剥夺，且其离职不会对企业的专利权造成任何影响。

4.4.2 维护

【审核提示】

通过查阅文件、交谈和实地查看等方式考察企业在知识产权维护方面是否建立了知识产权分类管理档案、是否进行了知识产权评估、是否对知识产权权属变更和放弃进行了有效控制、是否建立了知识产权分级管理制度。本标准"7.2维护"是对企业知识产权维护的具体要求，其符合性审核要点如表 4-16 所示。

表 4-16 维护

标准要求	审核要点	注释与指南
7.2 维护 应编制形成文件的程序，以规定以下方面所需的控制： a) 建立知识产权分类管理档案，进行日常维护；	1. 是否建立知识产权维护控制程序并形成文件； 2. 该程序文件是否涵盖了 a)~e) 的要求； 3. 是否按照控制程序要求建立知识产权管理档案并进行维护，档案中记录的关键信息是否准确无误	企业应按照程序文件的要求，来指导知识产权的分类管理与日常维护活动

标准要求	审核要点	注释与指南
b）知识产权评估；	是否按照控制程序要求实施知识产权评估活动	企业应识别自身需求，建立合适的知识产权评估机制
c）知识产权权属变更；	是否按照控制程序要求实施知识产权权属变更活动	查验是否有权属变更，权属变更是否按照控制程序来执行，并检查相关记录
d）知识产权权属放弃；	是否按照控制程序要求实施知识产权权属放弃活动	查验是否有权属放弃，权属放弃是否按照控制程序来执行，并检查相关记录
e）有条件的企业可对知识产权进行分级管理。	若企业知识产权管理体系规定对知识产权分级管理，按照规定审核分级管理活动的有效性	属于提高性要求。企业应识别自身需求，在体系策划时明确是否进行分级管理

不同种类的知识产权需要不同的维护方法。对于专利，其授权后每年要缴纳年费才能维持专利权有效；对于商标，核准之后十年才需要续展；对于软件著作权，无须缴纳后期维护费用。因此要结合企业的实际情况，建立适宜的知识产权维护控制程序。

【案例分析】

案例 4-20：因未缴年费而导致专利权终止，原定于 2010 年 3 月 19 日在创业板上市的苏州恒久光电科技有限公司（以下简称苏州恒久），在上市的前夜突然被叫停[2]。

苏州恒久在招股说明书中宣称是一家"国内激光有机光导鼓生产制造行业内技术水平最高、自主创新能力最强、生产制造规模最大的龙头企业，目前全球能够掌握激光有机光导鼓生产制造行业内一套核心技术并拥有专用设备系统集成能力的少数几家企业之一"，并且拥有 4 项外观设计专利，3 项发明专利申请，1 项实用新型专利，以及 10 项国际领先、国内首创或国内领先非专利技术。

然而，让苏州恒久引以为傲的几项专利权已经同时被终止。2 月 24 日，国家知识产权局的网站上就已经宣布，苏州恒久拥有的有机光导管体（1）～

（4）四项外观设计专利权被终止，同时终止专利权的还有一项有机光导体管实用新型技术专利，所有专利权被终止的原因皆为"未缴年费专利权终止"。

苏州恒久因其"专利门"事件在上市前夕被监管部门紧急叫停，因为忽视知识产权日常管理维护而付出了惨痛的代价。

案例 4-21：某企业将专利的递交和时限监控工作委托给代理机构，代理机构因未及时缴纳登记费导致视为放弃专利权。该事件中固然有代理机构的责任，但企业也应建立一套完善的知识产权维护程序以对专利申请及专利的各个关键节点做到有效监控和管理，避免相关权利的丧失。

4.4.3 运用

4.4.3.1 实施、许可和转让

【审核提示】

通过查阅文件、交谈和实地查看等方式考察企业在知识产权实施、许可和转让方面是否进行了评估。本标准"7.3.1 实施、许可和转让"是对企业知识产权实施、许可和转让的具体要求，其符合性审核要点如表 4-17 所示。

表 4-17　实施、许可和转让

标准要求	审核要点	注释与指南
7.3 运用 7.3.1 实施、许可和转让 应编制形成文件的程序，以规定以下方面所需的控制： a) 促进和监控知识产权的实施，有条件的企业可评估知识产权对企业的贡献；	1. 是否建立了实施、许可和转让的控制程序并编制形成文件； 2. 程序文件是否涵盖 a) 和 b) 的要求； 3. 是否按照程序文件要求开展知识产权的实施活动； 4. 若企业知识产权管理体系规定需评估知识产权对企业的贡献，则按照规定审核其评估活动	"有条件的企业可评估知识产权对企业的贡献"属于提高性要求
b) 知识产权实施、许可和转让前，应分别制定调查方案，并进行评估。	三种知识产权运用方式（实施、许可和转让）之前，是否制定了调查方案并开展评估	调查方案针对具体的知识产权运用方式制定

知识产权实施前进行评估可以有效避免不必要的知识产权维持成本，许可和转让则可以使企业将闲置的知识产权变为可用资源，发挥最大的效益。而在实施、许可和转让之前进行评估，能够使企业对所拥有的知识产权有客观准确的认识，便于企业更好地运用知识产权产生更大效益。

【案例分析】

案例 4-22：航天某院拥有运载火箭领域相关专利，根据企业发展规划，独立成立了一家专门从事民用领域生产的公司，该公司相关技术均来自航天某院，在技术转让的同时，进行了专利权的转让，有效地避免了将来出现权属不清晰等方面的问题。

4.4.3.2 投融资

【审核提示】

通过查阅文件和交谈等方式考察企业投融资活动前是否进行了尽职调查、是否进行了风险和价值评估；在境外投资前，是否进行了风险分析。本标准"7.3.2 投融资"是对企业在投融资活动前，规避知识产权风险的要求，在审核中，其符合性审核要点如表 4-18 所示。

表 4-18　投融资

标准要求	审核要点	注释与指南
7.3.2 投融资 投融资活动前，应对相关知识产权开展尽职调查，进行风险和价值评估。	是否在投融资活动前开展知识产权尽职调查，是否进行了风险和价值评估	风险评估包括但不限于权属是否清晰、产品或专利是否侵权等。价值评估应考虑宏观经济因素、行业因素、市场因素、企业因素、法律因素、技术因素、交易因素、成本因素和风险因素等
在境外投资前，应针对目的地的知识产权法律、政策及其执行情况，进行风险分析。	境外投资前，是否了解目的地的知识产权法律、政策及其执行情况，是否进行了风险分析	企业可以自行调查，也可以委托专业机构调查

投融资前，一定要对拥有的知识产权开展尽职调查，解决或规避权属不清晰、涉嫌专利侵权等问题或风险，避免产生严重后果（如暂停上市等）。

我国企业往往对于境外的知识产权法律、政策及其执行情况缺乏了解，进入陌生市场时，所面临的知识产权风险可能会更大，因此在投融资和境外投资前，都应想到可能发生的后果并制定相应的预案。

【案例分析】

案例 4-23：企业上市前被暂停或者否决的案例屡见不鲜。具体原因，除持续盈利能力不足、成长性不确定等几个因素外，知识产权问题也成为企业上市受阻的一个原因。像乔丹、红蜻蜓等不少企业都遇到过在上市路上因临门一脚的知识产权问题而折戟的情况。无论这些企业存在侥幸心理还是被人恶意压制，这都将对上市造成困扰。

因而提醒准上市公司，应做好知识产权尽职调查工作，定期评估存在的知识产权风险，同时对行业内的竞争市场做出提前预警，扫除一切存在的隐患，防止跌入侵权的旋涡中。

4.4.3.3 企业重组

【审核提示】

通过查阅文件和交谈等方式考察企业重组前是否开展了知识产权尽职调查、是否分析了出售或剥离的知识产权对本企业未来竞争力的影响。本标准"7.3.3 企业重组"是对企业在合并、并购、出售或剥离资产之前，对知识产权工作的基本要求，其符合性审核要点如表 4-19 所示。

表 4-19 企业重组

标准要求	审核要点	注释与指南
7.3.3 企业重组 企业重组工作应满足以下要求： a）企业合并或并购前，应开展知识产权尽职调查，根据合并或并购的目的设定对目标企业知识产权状况的调查内容；有条件的企业可进行知识产权评估。	1. 是否在合并或并购前开展了知识产权尽职调查；是否设定了对目标企业知识产权状况的调查内容； 2. 若企业知识产权管理体系规定合并或并购前开展知识产权评估活动，按照规定审核其有效性	1. 尽职调查应达到规避风险的最低要求； 2. 针对目标企业实际的知识产权状况做调查

续表

标准要求	审核要点	注释与指南
b）企业出售或剥离资产前，应对相关知识产权开展调查和评估，分析出售或剥离的知识产权对本企业未来竞争力的影响。	1. 是否在出售或剥离资产前进行了相关知识产权调查和评估； 2. 调查和评估是否包括拟出售或剥离的知识产权带来的影响	

在合并、并购、出售或剥离资产前，开展知识产权调查和评估，能够有效地规避知识产权风险，为企业的良性发展保驾护航。

【案例分析】

案例 4－24：某大型集团 A 于 2016 年以 3500 万元收购了某技术型企业 B，企业 B 的主要资产为 100 多件承载了行业先进技术的专利。后经发现，企业 B 早在 2015 年因资金周转困难，将其中 26 件核心专利进行了质押。该案例中，集团 A 在拟收购前未开展知识产权尽职调查，导致花费了大额成本且存在极大的投资风险。

案例 4－25：在企业并购过程中，不乏由于对并购标的的知识产权尽职调查不够充分，从而给投资带来重大风险的案例。2013 年 7 月，主营餐饮、业绩困顿的某大型集团公司 A，突然斥 2 亿元巨资跨界收购环保公司 B，其中，在 A 公司公告中宣称，B 公司的技术能力强劲——"申请国家专利 40 多个，形成关键技术 50 多项"。而经新闻媒体调查，B 公司旗下的专利不过 13 个，这与 A 公司披露的 40 余个专利相差甚远。这导致了媒体、证监会和社会公众的广泛质疑。

由于 A 公司在并购过程未对标的企业的知识产权情况进行详细的尽职调查，给这次投资收购的前景蒙上了阴影，最终由于外界的大量质疑而导致该次并购失败。

4.4.3.4 标准化

【审核提示】

通过查阅文件和交谈等方式考察企业是否了解标准化组织的知识产权政

策，在牵头制定标准时是否制定了标准工作组的知识产权政策和工作程序。本标准"7.3.4 标准化"是对企业在开展标准化工作时的知识产权工作的要求，其符合性审核要点如表 4-20 所示。

表 4-20   标准化

标准要求	审核要点	注释与指南
7.3.4 标准化 参与标准化工作应满足以下要求： a) 参与标准化组织前，了解标准化组织的知识产权政策；将包含专利和专利申请的技术方案向标准化组织提案时，应按照知识产权政策要求披露并作出许可承诺；	是否了解标准化组织的知识产权政策，是否在提案时进行披露并作出许可承诺	对于技术提案中披露出来的专利技术，专利权人就其许可承诺可以有三种选择。第一，专利权人愿意与他人基于无歧视的原则，协商以公平合理的条件进行免费许可；第二，专利权人愿意与他人基于无歧视的原则，协商以公平合理的条件进行许可；第三，专利权人不愿意遵循上述两项规定。在此种情形下，技术提案应当排除含有此类必要专利的技术内容
b) 牵头制定标准时，应组织制定标准工作组的知识产权政策和工作程序。	是否制定了标准工作组的知识产权政策和工作程序	制定包含专利和专利申请的国家标准时，还应遵守国家标准委员会的相关规定

在国家标准制定、修订的任何阶段，参与标准制定、修订的组织或个人应当尽早向全国专业标准化技术委员会或者归口单位披露其拥有和知悉的必要专利，同时提供有关专利信息及相应证明材料，并对所提供证明材料的真实性负责。[参见《国家标准涉及专利的管理规定（暂行）》（2013 年第 1号）文件]

4.4.3.5 联盟及相关组织

【审核提示】

通过查阅文件和交谈等方式考察企业是否了解知识产权联盟的政策、组建知识产权联盟时是否遵守公平、合理且无歧视的原则。本标准"7.3.5 联盟及相关组织"是对企业在开展知识产权联盟工作时的要求，其符合性审核要点如表 4-21 所示。

表 4 – 21　联盟及相关组织

标准要求	审核要点	注释与指南
7.3.5 联盟及相关组织 参与或组建知识产权联盟及相关组织应满足以下要求： a) 参与知识产权联盟或其他组织前，应了解其知识产权政策，并进行评估；	是否了解知识产权联盟的知识产权政策，是否对知识产权政策进行了评估	对知识产权政策的评估应作为是否加入知识产权联盟的依据
b) 组建知识产权联盟时，应遵循公平、合理且无歧视的原则，制定联盟知识产权政策；主要涉及专利合作的联盟可围绕核心技术建立专利池。	制定联盟知识产权政策时，是否遵循了公平、合理且无歧视的原则	

专利联盟或专利池的建立，能够有效降低联盟内部企业面临的知识产权风险。

4.4.4　保护

本标准"7.4 保护"是企业发挥知识产权保护作用的各项管理工作的实施要求，其审核要点从以下三个方面展开：企业产品、办公用品等各类知识产权侵权风险的识别与规避要求；企业知识产权维权纠纷处理前的调查评估、争议发生时的保护措施与要求；企业涉外贸易过程中的知识产权风险规避与保护要求。

4.4.4.1　风险管理

【审核提示】

通过查阅文件、交谈等方式了解企业方对产品可能涉及他人知识产权风险的监控要求与实施情况，以及办公设备、软硬件等可能涉及他人知识产权的风险规避与保护要求，确保企业产品、办公用品等各类知识产权侵权风险的识别与规避。本标准"7.4.1 风险管理"是对企业风险管理提出的要求，其符合性审核要点如表 4 – 22 所示。

表 4 - 22 风险管理

标准要求	审核要点	注释与指南
7.4.1 风险管理 应编制形成文件的程序，以规定以下方面所需的控制： a) 采取措施，避免或降低生产、办公设备及软件侵犯他人知识产权的风险； b) 定期监控产品可能涉及他人知识产权的状况，分析可能发生的纠纷及其对企业的损害程度，提出防范预案； c) 有条件的企业可将知识产权纳入企业风险管理体系，对知识产权风险进行识别和评测，并采取相应风险控制措施。	1. 是否建立控制程序并编制形成文件；程序文件是否涵盖 a) ~ c) 项要求； 2. 是否采取措施，以避免或降低生产、办公设备及软件侵犯他人的知识产权风险； 3. 是否定期监控产品侵权情况，并对侵权风险进行分析，是否提出防范预案； 4. 若企业知识产权管理体系规定将知识产权纳入企业风险管理体系，则要求对知识产权风险进行识别和评测，并采取相应风险控制措施	1. 企业知识产权风险中，包括生产设备、办公设备和软件的侵权风险，其中软件侵权现象较为常见，需引起重视并实施规避风险措施； 2. 为避免或降低产品的侵权风险，对于产品可能涉及他人知识产权状况的风险，需要定期监控并分析，提出应对防范的预案； 3. 条款 c) 属于提高条款。对于已有风险管理体系的企业适用

【案例分析】

案例 4 - 26：广东中山某电机企业在发布研发人员招聘信息时，对外公开了人员任职条件之一为"须熟练使用 Solid Works 软件"。此条信息在招聘网站公开后，被 Solid Works 软件版权持有方——美国达索系统软件公司获悉，并作为该中山电机企业未经正常购买渠道非法使用该软件的证据，提请人民法院执行现场取证。在执法人员现场取证过程中，该中山电机企业数次采取不当行为阻碍执法人员取证，如不接受执法人员进厂、办公现场断电阻止继续取证等行为。后该案经审判，该企业因未经许可的使用行为侵犯了他人版权，支付软件版权方一定赔偿金额，并承担对方诉讼费用，合计近 300 万元。

通过此案应引起广大国内企业的警醒，此案发生在一家名不见经传、年营业额不超过 5000 万元的制造厂商，对于众多国内企业存在的"风险未发生 = 风险不存在"的认知，这个案例应能有效破除某种侥幸心理。是否存在侵权行为，企业自身应首先做到心知肚明。有效识别潜在的知识产权风险，同时对于潜在的知识产权应诉风险（不仅包括产品可能涉及他人知识产权状况的风险，同时还应关注办公所用设备、软硬件的使用是否合理合法），均应提前做好充分的规避措施。当侵权官司的"克利斯朵夫之剑"落到自己头上之前，应做好充足的准备，对可能的应诉手段，合理的纠纷处理方式等做到"心中有花，手里有剑"。

4.4.4.2　争议处理

【审核提示】

通过查阅文件、交谈等方式了解企业方知识产权维权纠纷处理前的调查评估、争议发生时的保护措施，以及怎样选择合适的时机、合理的解决方式来处理相应的纠纷。本标准"7.4.2 争议处理"是对企业在知识产权争议处理方面的具体要求，其符合性审核要点如表4-23所示。

表4-23　争议处理

标准要求	审核要点	注释与指南
7.4.2 争议处理 应编制形成文件的程序，以规定以下方面所需的控制： a）及时发现和监控知识产权被侵犯的情况，适时运用行政和司法途径保护知识产权； b）在处理知识产权纠纷时，评估通过诉讼、仲裁、和解等不同处理方式对企业的影响，选取适宜的争议解决方式。	1. 是否建立控制程序并编制形成文件，程序文件是否涵盖 a）和 b）项的要求； 2. 是否对知识产权被侵权情况进行定期监控、分析，并知悉何时适宜运用行政、司法途径保护； 3. 是否明确处理不同的知识产权纠纷时，如何评估诉讼、仲裁、和解等不同处理方式对企业的影响，是否明确如何选取适宜的解决方式； 4. 有无过往处理记录，是否符合程序要求	1. 程序文件应包括条款 a）和 b）规定的要求。 2. 企业的知识产权监控与控制措施，以及遇到争议处理时防范预案和应急预警机制；是否规定了对不同的争议采取不同的处理途径；监控分析结果是否留作证据，形成监控分析记录。 3. 处理纠纷时，是否对不同的处理方式进行了相应的评估，选取的解决方式是否适宜。 4. 是否存在处理过程与程序规定不吻合的情况

【案例分析】

案例4-27：某仪表生产企业，对燃气表计费方式做出重大创新，并申请了专利保护。当得知有其他厂家使用该技术并可能侵权时，采用激进的维权手段，发现后立即通过诉讼手段禁止同行业企业使用该项技术。但由于该企业推广能力有限，产量不能迅速扩大，导致产品成本居高不下，市场接受程度不高，该专利技术未能替代传统技术，未取得预期中的效益。

企业在遇到知识产权纠纷时，应综合评估市场情况、企业自身实力等因素对企业自身的影响，选择合理的纠纷处理方式。在这一点上，以下案例企业在适时选择合理的纠纷处理方式上，则事先进行了充分的评估。

案例4-28：正泰集团诉施耐德公司专利侵权纠纷案。正泰集团以1997年申请的专利号为ZL97248479.5的专利，在2006年8月向施耐德公司发起侵权诉讼，此时产品已进入成熟期，侵权产品销量大，取证容易，最终施耐德公司向正泰集团支付补偿金1.575亿元和解。[3]

可见，在处理知识产权纠纷时，评估通过诉讼、仲裁、和解等不同处理方式对企业的影响，选取适宜的争议解决方式，如此才能使知识产权对企业产生最大的利益，而不是舍本逐末，为诉讼而诉讼。

4.4.4.3 涉外贸易

【审核提示】

通过查阅文件、交谈等方式了解企业方是否对境外销售目的地的有关法律风险进行调查，以及适时地在境外销售地申请、注册和登记相关知识产权，同时通过采取必要的边境保护措施，为企业探明并规避涉外贸易"深水区"的未知知识产权风险。本标准"7.4.3 涉外贸易"是对企业涉外贸易过程中知识产权保护与风险防范的具体要求，其符合性审核要点如表4-24所示。

表4-24 涉外贸易

标准要求	审核要点	注释与指南
7.4.3 涉外贸易 涉外贸易过程中的知识产权工作包括： a) 向境外销售产品前，应调查目的地的知识产权法律、政策及其执行情况，了解行业相关诉讼，分析可能涉及的知识产权风险；	1. 在向境外销售产品前，是否对目的地的知识产权法律、政策及执行情况进行调查，是否了解行业相关诉讼，分析可能涉及的知识产权风险； 2. 在向境外销售产品前，是否已明确了何时在目的	1. 审核本条款，需先了解境外销售的基本情况，可查询相应背景材料如境外销售地清单、销售产品台账、销量等； 2. 根据销售目的地的数量、销量等进行查询；对境外销售目的地调查分析的结果，

标准要求	审核要点	注释与指南
b）向境外销售产品前，应适时在目的地进行知识产权申请、注册和登记； c）对向境外销售的涉及知识产权的产品可采取相应的边境保护措施。	地国家进行知识产权申请、注册和登记； 3. 向境外销售涉及知识产权的产品，是否进行了海关备案，并保留相关证明文件； 4. 需同时查询验证涉外贸易基本情况：包括境外销售地域、产品、销量、边境通关政策等	包括知识产权法律、政策及其执行情况、行业相关诉讼，以及可能涉及的知识产权风险； 3. 查询境外销售产品在目的地知识产权申请、注册和登记的情况； 4. 境外销售时可采取边境保护措施（非必要要求）

【案例分析】

案例4-29：某加工企业，其产品以外销为主，但其产品有两种外销经营模式，部分产品直销海外；部分产品通过品牌经销商代销海外。这家企业在对涉外贸易中知识产权风险进行调查分析与控制时，主要针对直销海外的产品实施了境外销售地的风险调查与分析，并对于何时进行外销地的知识产权申请、注册和登记进行了评估与分析。但对通过品牌经销商代销海外的产品未进行任何调查。结果，通过经销商代销海外的某产品因涉嫌侵权被出口国海关查处。

由此案引申，大多数企业对于直销、经销、代销等几类不同销售途径与渠道，是否都属于本标准要求的"销售"行为范畴存在一定困惑。而我们关注销售过程中的知识产权风险，实际关注点应归结为与所销售的"产品相关的知识产权风险"。因此，无论是内销、外销或以上提及的哪一种类型的销售途径，如果企业作为产品生产方、加工方或销售方参与了产品的制造、开发及销售过程，且产品最终销往了境外目的地，那么当与产品有关的知识产权风险一旦发生时，该企业是否将作为风险关联方、侵权嫌疑方被牵涉纠纷之中，这是企业应关注的重点。这一点，应作为判断企业是否应关注涉外贸易中存在知识产权风险，是否应按要求进行相应调查分析与海外知识产权布局的决定因素，而不是简单地以经销、代销或代加工等作为不执行条款要求的理由。

4.4.5 合同管理

【审核提示】

合同是企业与外界进行交互的重要凭证，其合法合规性直接影响企业的经营发展。应通过调查企业合同审查方式，并对企业各类合同中有关知识产权条款及合同审查记录的抽查，完成对企业合同管理的审核。本标准"7.5 合同管理"是对企业在合同中对知识产权管理的具体要求，其符合性审核要点如表4-25所示。

表4-25　合同管理

标准要求	审核要点	注释与指南
7.5 合同管理 加强合同中知识产权管理： a）应对合同有关知识产权条款进行审查，并形成记录；	是否对所有涉及知识产权条款的合同均进行了审查并形成记录	1. 重点要确认企业是否对合同中知识产权条款进行审查；对合同进行审查过程中，是否保存合同审查的相关记录。 2. 应关注相关合同是否按模板签署，若是，则应审查对合同模板进行审查的记录；若否，则应审查对个案合同进行审查的记录。 3. 本标准中提及的有关知识产权条款的合同包括劳动合同、委外生产加工合同、采购合同；本条款b）~d）提及的知识产权合同包括对外委托合同、委托开发合同、合作开发合同、重大专项合同
b）对检索与分析、预警、申请、诉讼、侵权调查与鉴定、管理咨询等知识产权对外委托业务应签订书面合同，并约定知识产权权属、保密等内容；	1. 知识产权对外委托业务是否签订书面合同； 2. 书面合同中是否对知识产权权属、保密等内容进行约定以避免产生不必要的纠纷	1. 知识产权对外委托业务包括检索与分析、预警、申请、诉讼、侵权调查与鉴定、管理咨询等； 2. 企业知识产权相关业务在对外委托时应签订书面合同； 3. 书面合同应包括知识产权权属、保密等内容的约定； 4. 按条款a）的要求，应对合同中的知识产权条款进行审查，并保存记录

续表

标准要求	审核要点	注释与指南
c) 在进行委托开发或合作开发时，应签订书面合同，约定知识产权权属、许可及利益分配、后续改进的权属和使用等；	1. 在进行委托开发或合作开发时，是否签订书面合同； 2. 书面合同中是否对知识产权权属、许可及利益分配、后续改进的权属和使用进行约定以做到产权明晰	1. 企业在委托开发或合作开发时，应签订书面合同； 2. 合同内容应包括知识产权权属、许可及利益分配、后续改进的权属和使用等约定； 3. 按条款 a) 的要求，应对合同中的知识产权条款进行审查，并保存记录
d) 承担涉及国家重大专项等政府支持项目时，应了解项目相关的知识产权管理规定，并按照要求进行管理。	1. 承担政府课题或项目时是否了解项目相关的知识产权管理规定，并参照相关知识产权管理规定进行管理； 2. 若承担项目存在相关的知识产权管理规定，是否按照规定要求进行知识产权规划、布局、申报等管理	1. 查验是否了解政府支持项目的知识产权相关管理规定并按管理规定进行管理； 2. 查验是否审查过政府支持项目合同中的知识产权条款，必要时须提供审查记录

【案例分析】

案例4-30：某电子器件生产企业与某高校教师合作开发某项技术。未在合作开发协议中明确知识产权的权属，开发完成后，该高校教师以高校名义申请了专利。导致该企业实施该技术时面临着侵权风险。

《专利法》第八条规定："两个以上单位或者个人合作完成的发明创造、一个单位或者个人接受其他单位或者个人委托所完成的发明创造，除另有协议的以外，申请专利的权利属于完成或者共同完成的单位或者个人；申请被批准后，申请的单位或者个人为专利权人。"

在此情况下，若企业无法证明为该发明的实质性特点做出过创造性贡献，依照《专利法》的规定，申请专利的权利属于该高校教师。如专利被授权，该企业实施该技术属于侵权。

在进行委托开发或合作开发时，签订书面合同，约定知识产权权属，可规避这方面的风险。

4.4.6　保密

【审核提示】

　　本标准"7.6保密"是企业对知识产权相关保密事项管理的具体要求，应通过对涉密人员、涉密信息、涉密设备、涉密区域的管理程序及措施的对照性审查，完成对此条款的审核。其符合性审核要点如表4-26所示。

表4-26　保密

标准要求	审核要点	注释与指南
7.6保密 应编制形成文件的程序，以规定以下方面所需的控制：	1. 是否建立控制程序并编制形成文件； 2. 程序文件是否涵盖a）~ d）项的要求	
a）明确涉密人员，设定保密等级和接触权限；	1. 是否明确涉密人员； 2. 是否设定涉密人员的保密等级； 3 是否设定涉密人员的接触权限	1. 查涉密人员名单； 2. 相关涉密人员是否划分保密等级； 3. 涉密人员是否按照保密等级设定接触权限。 重点：通过人员的管理，从源头上防止失泄密事件发生
b）明确可能造成知识产权流失的设备，规定使用目的、人员和方式；	1. 是否明确可能造成知识产权流失的设备； 2. 是否明确可能造成知识产权流失的设备的使用目的； 3. 是否明确可能泄密设备的使用人员； 4. 是否明确可能泄密设备的使用目的	现场查验相关可能泄密设备
c）明确涉密信息，规定保密等级、期限和传递、保存及销毁的要求；	1. 是否明确涉密信息； 2. 是否明确涉密信息的涉密等级和期限； 3. 是否明确涉密信息的传递、保存及销毁的要求	1. 企业应明确涉密信息，规定涉密信息的保密等级、保密期限，并进一步限定涉密信息传递、保存及销毁的相关要求； 2. 可形成关于涉密信息传递、保存及销毁的相关记录

标准要求	审核要点	注释与指南
d) 明确涉密区域，规定客户及参访人员活动范围等。	1. 是否明确涉密区域； 2. 是否明确客户及参访人员在涉密区域的活动范围； 3. 结合现场查看涉密区域的具体落实情况	企业应明确涉密区域，并规定客户及参访人员的活动范围

【案例分析】

案例 4−31：2016 年，某企业市场销售人员发现，本地超市销售的一款水豆豉，品牌、外包装均与该企业不同，但两者口感却高度相似。

该企业经调查后发现，这款水豆豉的生产企业从未涉足水豆豉的研发，也不可能有这样的研发实力。该企业的核心配方从未向任何一家企业或个人转让过。这时，该企业意识到，公司的重大商业秘密可能泄露了。

经过相关部门的调查取证，将嫌疑人锁定在该企业已离职员工贾某身上，调查发现其携带的硬盘、计算机内有大量涉及该企业商业秘密的内部资料。该案涉案金额高达千万元人民币，给该企业造成了巨大的损失。

由此可见，如果企业未对公司绝密的商业信息进行有效管理，对公司的涉密人员未进行接触权限的管理，涉密信息接触、复制权限放开，将为不法之徒敞开大门。虽然保密管理制度不能绝对杜绝泄密，但是企业仍要足够重视保密工作，尽最大努力降低泄密事件的发生。

4.5 实施和运行

4.5.1 立项

【审核提示】

本标准"8.1 立项"是对企业在立项阶段对知识产权管理的具体要求。应审核企业在立项阶段是否进行了相关的检索分析、相应的检索分析有效性如何、是否将其作为项目立项的依据等，以便确保企业的立项工作不会产生重大失误，为后续的研究开发保驾护航。其符合性审核要点如表4－27所示。

表4－27 立项

标准要求	审核要点	注释与指南
8 实施和运行 8.1 立项 立项阶段的知识产权管理包括： a）分析该项目所涉及的知识产权信息，包括各关键技术的专利数量、地域分布和专利权人信息等；	1. 是否有项目立项过程； 2. 是否在项目立项之前分析了该项目所涉及的知识产权信息；知识产权信息是否包括关键技术的专利数量、地域分布和专利权人信息等	1. 应审查企业是否有立项过程； 2. 应审核立项阶段是否进行了检索分析，以及企业所获取的知识产权信息是否与立项阶段所应获得的信息相匹配；是否包括各关键技术的专利数量、地域分布和专利权人信息等
b）通过知识产权分析及市场调研相结合，明确该产品潜在的合作伙伴和竞争对手；	1. 是否进行了市场调研与分析； 2. 是否将知识产权分析的结果与市场调研相结合明确潜在的合作伙伴和竞争对手	
c）进行知识产权风险评估，并将评估结果、防范预案作为项目立项与整体预算的依据。	1. 是否进行了知识产权风险评估； 2. 是否将知识产权风险评估的结果作为项目立项与整体预算的依据	立项并非全部会成功，有些立项可能因为知识产权评估结果等原因而终止

审核中，应明确企业在项目立项之前，是否进行了充分的知识产权分析和市场调研。确认企业通过专利检索，对科研立项必要性进行了判断。世界上90%～95%的最新技术都记载在专利文献中，如果企业进行了较为全面的专利检索，再辅之以非专利文献的检索，可对新产品研发课题立项必要性与可行性做出基本判断。如果已有与拟立项项目相同或近似的技术申请了专利，若还是坚持立项研发，会导致后续重复研发，浪费企业投入的人力、物力、财力资源，且所研发出的新产品还有侵犯他人专利权的风险，得不偿失。而通过详尽的检索，可以使企业在立项阶段就站在制高点，知己知彼，确保企业在市场竞争中赢得主动权。

4.5.2 研究开发

【审核提示】

本标准"8.2 研究开发"是对企业在研究开发阶段对知识产权管理的具体要求。应通过查阅文件、交谈等各种方式了解企业在研究开发阶段是否进行了相关的检索分析、检索分析的有效性如何、是否进行了知识产权规划、是否进行了研究开发成果的评估、研发记录如何保存,理顺企业在研究开发过程中的知识产权管理,使企业的研究开发成果获得更好的保护,进一步提升研发成果的商业价值。其符合性审核要点如表 4 - 28 所示。

表 4 - 28 研究开发

标准要求	审核要点	注释与指南
8.2 研究开发 研究开发阶段的知识产权管理包括: a) 对该领域的知识产权信息、相关文献及其他公开信息进行检索,对项目的技术发展状况、知识产权状况和竞争对手状况等进行分析;	是否对该领域的知识产权信息、相关文献及其他公开信息(如非专利信息)进行相关的检索,分析技术发展状况、知识产权状况和竞争对手状况	1. 应审核企业在研究开发阶段是否进行了检索分析,以及企业所获取的知识产权信息是否与研究开发阶段所应获得的信息相匹配; 2. 此处的"研究开发",特指企业针对确定研发的项目进行的研发活动
b) 在检索分析的基础上,制定知识产权规划;	是否制定了知识产权规划;知识产权规划是否根据检索分析的结果制定	检索分析是知识产权规划的基础
c) 跟踪与监控研究开发活动中的知识产权,适时调整研究开发策略和内容,避免或降低知识产权侵权风险;	是否在研究开发过程中跟踪、监控相关知识产权;是否根据跟踪与监控的结果调整研究开发策略与内容	跟踪与监控多采用检索分析的形式进行;根据跟踪与监控的结果,适时调整研究开发策略与内容
d) 督促研究人员及时报告研究开发成果;	是否通过合适的渠道或方式督促研究人员上报研究开发成果	可通过询问、查阅等方式查验报告方式

续表

标准要求	审核要点	注释与指南
e）及时对研究开发成果进行评估和确认，明确保护方式和权益归属，适时形成知识产权；	是否对研究开发成果及时进行评估确认；是否明确其保护方式和权益归属	评估确认包括多种形式，目的是使企业的研究开发成果得到良好的保护；保护方式也包括多种形式，包括专利、商业秘密等
f）保留研究开发活动中形成的记录，并实施有效的管理。	是否保留了研究开发活动中的记录并有效管理	保留相关记录可以使企业的研究开发具有可追溯性，并为可能的知识产权诉讼积累必要的素材

企业在研究开发过程中，应当从检索、分析、规划、成果上报、成果评估确认、研发记录保存等各个方面对其进行有效管理，以保证企业研究开发的效率和成果的有效性，有效促进后续的市场开发和商业价值实现。

【案例分析】

案例4-32：国内某高校的某教授准备设计一种高速公路停车场，在立项之前、研究初始阶段以及开发阶段均处于闭门造车状态，没有进行系统的专利及非专利技术检索分析。研究开发历时一年，投入经费巨大，在研发成果产生后申请专利时，发现有数十件现有专利技术与其研发成果相同或相近，甚至部分技术比其研发成果还先进。

这是由于相关人员在研究开发阶段，未对现有技术进行相应的跟踪与监视，错过了调整研究开发策略和方向的最佳阶段和时机，导致其浪费了大量的时间、精力、财力和物力。

案例4-33：广东某企业，其某些类别的研究开发过程持续时间很短，大约2周时间，且其改进均为在客户的图纸基础上进行，但企业要求研发人员每周都要形成新的《知识产权检索报告》，导致研发人员认为检索分析过于频繁，虽然其也按照要求提供《知识产权检索报告》，但内容粗制滥造、敷衍了事，导致该《知识产权检索报告》无实用价值。

企业在研究开发过程中，进行知识产权检索分析是必要的，但是对于某些特性的研发来讲，检索分析过于频繁是没有必要的，也会加大相关研发人员的非必要工作强度，这对于企业人力资源也是一种浪费。企业应当根据其研究开发过程的具体特点与行业特性，合理地制定其研究开发过程中对知识产权检索分析的时机、内容等方面的规定。

案例 4-34：山东某企业，其研发领域为半导体应用，研究成果多以应用方法、应用程序形式体现，应用程序通过烧录到硬件中使用。但其应用程序的保存相对混乱，在研发人员计算机中、研发部门归档硬盘中、烧录部门计算机中均有保存，且版本混乱，软件烧录人员的指派也较为随意，导致其研发活动的记录及成果管理凌乱，造成其研究成果被泄露。

企业应当保留研究开发活动中形成的记录，并对其实施有效的管理。研发记录的有效管理一方面可以保护企业的研发成果，另一方面可以在研发人员离职泄露研发成果的后续纠纷中起到一定的佐证作用。同时，研发记录中各次改进的有效总结，也可以辅助企业在后续开发中不再犯同类错误。

4.5.3 采购

【审核提示】

本标准"8.3采购"是对企业在采购阶段对知识产权管理的具体要求，应通过查阅文件、交谈等方式了解企业在采购活动前与采购合同中进行风险规避的措施，以及对采购合同等信息资料进行管理的方式。其符合性审核要点如表4-29所示。

表 4-29 采购

标准要求	审核要点	注释与指南
8.3 采购 采购阶段的知识产权管理包括： a) 在采购涉及知识产权的产品过程中，收集相关知识产权信息，以避免采购知识产权侵权产品，必要时应要求供方提供知识产权权属证明；	1. 采购的产品是否为涉及知识产权的产品； 2. 采购涉及知识产权的产品时是否收集了相关知识产权信息； 3. 企业是否对"必要时"进行了界定，以及是否按该界定要求供方提供了知识产权权属证明	1. 应对审核覆盖时间段内企业所发生的采购过程形成的记录（采购合同台账、采购合同、合格供方台账等）进行抽样，样本种类应能基本涵盖审核范围产品与种类（设备、原材料、辅料、零部件）； 2. 在对照企业的采购控制程序的基础上结合检索等方式，若判定采购的产品为涉及知识产

标准要求	审核要点	注释与指南
		权的产品时，应查验企业是否进行了相关知识产权信息的收集； 3. 在"必要"情形时应要求供方提供知识产权权属证明
b）做好供方信息、进货渠道、进价策略等信息资料的管理和保密工作；	1. 企业是否对供方信息、进货渠道、进价策略等信息资料进行了识别； 2. 是否有效开展了信息资料的管理与保密工作	1. 应首先明确企业需要管理和保密的采购信息的种类和承载方式； 2. 对上述信息予以抽样，并核实上述信息的管理与保密工作是否符合要求
c）在采购合同中应明确知识产权权属、许可使用范围、侵权责任承担等。	采购合同是否对知识产权权属、许可使用范围、侵权责任承担进行了明确	1. 对审核覆盖时间段发生的采购合同予以抽样，样本种类应能基本涵盖审核范围产品与种类（设备、原材料、辅料、零部件）； 2. 合同中是否包括标准中要求的条款

审核中，应明确企业采购的产品是否为涉及知识产权的产品，知识产权信息收集是否充分；采购合同是否包括知识产权条款，内容是否覆盖对知识产权权属、许可使用范围及侵权责任承担的约定。

【案例分析】

案例 4-35：某企业与作者李某于 2017 年 5 月签订了"×××"作品的著作权及附属协议，约定李某向企业授权开发"×××"作品的电子出版物，并由该企业代理"×××"作品电子出版物制作发行权等权利。但后经查验，该作品已于 2017 年 3 月由×××出版社出版，署名作者为梨××；企业在签订前没有明确李某是否是该作品的实际作者，也未了解该作品第一次出版发行时相关合同的约定，存在着极大的隐患。

根据本标准要求，该企业应在签订授权合同之前由李某出具相关知识产权证明文件或者明确侵权责任承担，可最大程度避免上述风险。

4.5.4 生产

【审核提示】

本标准"8.4生产"是对企业在生产阶段对知识产权管理的具体要求。生产是产品的实现过程，标准中定义了四种通用的产品类别，分别为服务（如运输）、软件（如计算机程序、字典）、硬件（如发动机机械零件）及流程性材料（如润滑油），可见，生产过程不仅包括硬件产品或流程性材料的制备，也包括服务的提供和软件产品的交付。其符合性审核要点如表4-30所示。

表4-30　生产

标准要求	审核要点	注释与指南
8.4 生产 生产阶段的知识产权管理包括： a）及时评估、确认生产过程中涉及产品与工艺方法的技术改进与创新，明确保护方式，适时形成知识产权；	1. 审核企业是否对生产过程中涉及产品与工艺方法的技术改进与创新进行评估与确认，采取评估与确认的方式； 2. 是否通过评估明确该技术改进与创新的保护方式并适时形成知识产权	1. 需查验生产过程中技术改进与创新的评估与确认的方式； 2. 应对企业针对生产过程中技术改进与创新进行评估所形成的记录（如合理化建议）进行抽样审核。
b）在委托加工、来料加工、贴牌生产等对外协作的过程中，应在生产合同中明确知识产权权属、许可使用范围、侵权责任承担等，必要时应要求供方提供知识产权许可证明；	1. 针对对外协作活动签订的生产合同中是否具有知识产权权属、许可使用范围、侵权责任承担等约定； 2. 企业是否对"必要时"进行了界定，以及是否按该界定要求供方提供了知识产权许可证明	1. 对外协作活动包括但不限于委托加工、来料加工、贴牌生产等； 2. 对生产合同进行抽样，抽样的样本种类应能基本涵盖企业各类对外协作活动
c）保留生产活动中形成的记录，并实施有效的管理。	1. 确认生产活动中形成的记录的种类； 2. 是否保留了生产活动中形成的记录； 3. 对生产活动中形成的记录是否实施了有效管理； 4. 对认证范围内的产品活动进行抽样检查	1. 应首先明确企业在生产活动中形成记录的种类和承载方式； 2. 对生产记录进行抽样，并核实是否实施了有效的管理； 3. 抽样的产品类别不能超出认证范围，对认证范围中包含多个产品类别的，需分别进行抽样

【案例分析】

案例4-36：某企业的生产控制程序中规定，当工艺流程改进后，需评估并确认其实用性和创造性以适时通过专利的形式对其技术方案进行保护。但在实际操作中，生产部对工艺流程进行了改进后，未对其技术改进与创新进行评估与确认，也未形成相应知识产权保护，导致客户在生产车间参观时，将获知的该技术改进抢先申请了专利，致使该企业错失了申请专利的先机和借此扩大市场竞争优势的机会。

案例4-37：A企业（委托方）向B工厂（受托方）定制外包装贴，该外包装贴含有A企业自主设计的图案与商标，但就"定制外包装贴"这一对外协作活动签订的委托加工合同中没有按照本标准要求约定知识产权权属、许可使用范围及侵权责任承担，其可能带来的风险包括：①虽然商标已注册，但自主设计的图案存在知识产权流失的风险；②B工厂将受托生产的外包装贴许可给第三方使用的风险；③因外包装贴残次品或尾单流失而可能造成的侵权责任。

4.5.5　销售和售后

【审核提示】

产品一旦销售或以展会、宣传册等形式对外宣传，将会构成现有技术，因此对于产品的知识产权保护需在产品销售或宣传前完成。同时，对侵权产品的销售或许诺销售行为是专利法明确规定的侵权行为，由研发、采购或生产导入的侵权风险，均会在销售环节充分体现，因此，产品销售前，企业有必要充分了解可能的侵权风险，制定规避方案。本标准"8.5 销售和售后"是对企业在销售和售后阶段对知识产权管理的具体要求，其符合性审核要点如表4-31所示。

表4-31 销售和售后

标准要求	审核要点	注释与指南
8.5 销售和售后 销售和售后阶段的知识产权管理包括： a) 产品销售前，对产品所涉及的知识产权状况进行全面审查和分析，制定知识产权保护和风险规避方案；	1. 确认已销售产品； 2. 是否对已售产品在售前进行了知识产权的全面审查和分析； 3. 是否制定了针对该产品的知识产权保护方案； 4. 是否制定了针对该产品的知识产权风险规避方案	1. 可通过查验销售合同的方式确认已销售的产品； 2. 知识产权保护方案不同于知识产权风险规避方案，保护方案指针对已售产品所附着的知识产权进行保护的方案，风险规避方案指针对已售产品可能被控侵权时如何进行规避的方案
b) 在产品宣传、销售、会展等商业活动前制定知识产权保护或风险规避方案；	1. 确定企业已发生的商业活动； 2. 对于已发生的商业活动，是否在活动前制定了知识产权保护方案或风险规避方案	1. 企业的商业活动包括但不限于产品宣传、销售和展会； 2. 企业在上述商业活动前制定的知识产权方案；对知识产权实力较强的企业可以是保护方案，对知识产权实力较弱的企业可以是规避方案
c) 建立产品销售市场监控程序，采取保护措施，及时跟踪和调查相关知识产权被侵权情况，建立和保持相关记录；	1. 是否建立产品销售市场监控程序； 2. 是否及时跟踪和调查相关知识产权被侵权的情况； 3. 针对跟踪和调查情况是否建立和保持了记录	1. 审查企业建立的市场监控程序与形成的记录； 2. 对形成的相关记录予以抽样，审查是否采取保护措施；是否及时跟踪和调查知识产权被侵权情况； 3. 上述记录的保持，对于经调查未发现侵权行为的，也需记录该调查过程和结果
d) 产品升级或市场环境发生变化时，及时进行跟踪调查，调整知识产权策略和风险规避方案，适时形成新的知识产权。	1. 是否存在产品升级或市场环境发生变化的情况； 2. 上述情况发生后，是否进行跟踪和调查； 3. 是否根据跟踪和调查的结果对知识产权策略和风险规避方案进行调整并适时形成新的知识产权	1. 产品升级或市场环境变化是否已发生； 2. 发生后是否依要求采取相应的措施

审核中，需明确在审核范围以内，体系建立之后仍在销售（或宣传）及新上市（或宣传）的产品均需要依照8.5条款的要求进行管理，并保持相应的过程文件。

【案例分析】

案例4-38： 某企业A生产的产品a在2015年上市，并持续销售，企业认为该产品a已上市，不存在侵权风险，因此在2017年对外销售该产品a前，未针对其知识产权状况进行审查和分析，亦未制定相应的知识产权保护或风险规避方案。不久，企业A收到律师函，被告知其产品a侵犯了企业B于2014年4月9日申请、2017年11月13日公告授权的专利b的专利权，造成了非常大的负面影响。

产品一经宣传公开或上市即面临知识产权的机遇和挑战，产品的侵权风险不会因为上市时间长短而消失。因此，只要产品仍在销售，均需要对其进行知识产权的全面审查和分析，在此基础上制定知识产权保护和风险规避方案，并非仅针对体系建立后新上市的产品执行本标准"8.5销售与售后"条款a）的要求。

案例4-39： 展会具有周期短，同行业信息量大，竞争突出的特点。某企业在参加第××届国际×××技术交流展览会前未制定知识产权保护或风险规避预案，参展人员对参展产品潜在的知识产权风险以及展会突发事件的应对措施也缺乏了解。产品展出期间，收到主办方发出的疑似侵权通知并被迫撤出展会，导致声誉严重受损。出现该问题的根本原因在于参展前没有制定知识产权保护或风险规避方案，参展人员也缺少相关知识，没有能力应对由于疑似侵权而产生的知识产权投诉、被要求撤展等突发事件，难以维护企业自身的权益。

4.6 审核和改进

4.6.1 总则

【审核提示】

本标准"9.1总则"是对企业确保产品、软硬件设施设备符合知识产权要求、确保知识产权管理体系的适宜性和有效性的要求。企业在建立体系之初应策划并实施本标准中要求的三方面所需的监控、审查和改进过程。其符合性审核要点如表4-32所示。

表4-32 总则

标准要求	审核要点	注释与指南
9.1 总则 策划并实施以下方面所需的监控、审查和改进过程： a) 确保产品、软硬件设施设备符合知识产权有关要求；	是否通过策划并实施监控、审查和改进过程以确保产品、软硬件设施设备以符合知识产权有关要求	1. 应关注确保产品、软硬件设施设备符合知识产权有关要求，包括但不限于监控、审查和改进； 2. 应关注对产品、软硬件设备进行监控、审查后是否根据发现的问题制定改进措施，保证能满足知识产权的相关要求； 3. 该审查包括但不限于内部审核、管理评审
b) 确保知识产权管理体系的适宜性；	是否通过策划并实施监控、审查和改进过程以确保知识产权管理体系的适宜性	1. 应关注确保知识产权管理体系适宜性的方式，包括但不限于监控、审查和改进； 2. 应关注对知识产权管理体系运行情况进行监控、审查后是否进行分析，并根据分析中发现的问题制定改进措施，持续改进管理体系，确保体系的适宜性； 3. 该审查包括但不限于内部审核、管理评审
c) 持续改进知识产权管理体系，确保其有效性。	是否通过策划并实施监控、审查和改进过程以确保持续改进知识产权体系以确保其有效性	1. 应关注确保知识产权管理体系有效性的方式，包括但不限于监控、审核和改进； 2. 应关注对知识产权管理体系运行情况进行监控、审查后是否进行分析，并根据分析中发现的问题制定改进措施，持续改进管理体系，确保体系的有效性； 3. 该审查包括但不限于内部审核、管理评审

审核中，可结合企业的内部审核、管理评审以及年度考核等内部监控、

审核和改进的过程来综合评价知识产权管理体系的适宜性和有效性，以佐证企业对知识产权管理体系运行的把控能力。

4.6.2 内部审核

本标准"9.2 内部审核"是对企业应定期组织内部审核的要求。内部审核的要素应覆盖标准所有条款、审核范围应覆盖体系策划内的全部部门。其符合性审核要点如表 4-33 所示。

表 4-33 内部审核

标准要求	审核要点	注释与指南
9.2 内部审核 应编制形成文件的程序，确保定期对知识产权管理体系进行内部审核，满足本标准的要求。	1. 是否建立控制程序并编制形成文件； 2. 程序文件是否涵盖条款要求； 3. 是否定期对知识产权管理体系进行内部审核以满足标准要求	1. 企业应制定控制程序，确保定期对知识产权管理体系进行内部审核； 2. 通过内部审核，分析知识产权管理体系运行中存在的问题，制定并执行纠正措施，以不断改进管理体系； 3. 审核内容包括但不限于：是否编制了审核计划、是否根据审核计划组织了内部审核并对审核过程进行客观记录及形成检查表、针对内部审核结果是否对知识产权管理体系的运行进行客观评价、对不符合事实是否清楚描述并经受审核部门确认、受审核部门对不符合事实是否采取有效的纠正及纠正措施、对纠正措施是否进行有效性验证等； 4. 内部审核流程包括但不限于：召开首次会、实施审核、开具不符合项、召开末次会（宣布内部审核结果及对不符合项提出改进要求）以及不符合项的关闭

4.6.3 分析与改进

【审核提示】

标准"9.3 分析与改进"是对企业根据知识产权方针、目标以及检查、分析的结果制定和落实改进措施的要求。企业应结合管理评审对知识产权方针的持续适宜性的评审、知识产权方针的改进情况、知识产权目标的考核情况以及采取内部审核、管理评审、外部审核、自行检查等方式检查和分析问题，并针对检查和分析出的问题制定和落实改进措施。其符合性审核要点如表4-34所示。

表4-34 分析与改进

标准要求	审核要点	注释与指南
9.3 分析与改进 根据知识产权方针、目标以及检查、分析的结果，制定和落实改进措施。	是否根据知识产权方针、目标以及检查、分析的结果，制定和落实改进措施	1. 知识产权方针、目标可通过管理评审对其持续适宜性进行评审； 2. 应关注企业对知识产权目标是否考核并根据考核结果制定和落实改进措施； 3. 应审查企业根据检查、分析的结果制定和落实改进措施的有效性

【案例分析】

案例4-40：审核组在2016年年初审核某企业A时，发现该企业A对于2015年度的知识产权目标开展了考核工作，并在考核中发现未完成2015年度的专利申请目标数量（知识产权目标中要求申请3项发明专利，但该年度实际只申请了1项专利），但该企业A未针对检查结果制定和落实改进措施，不满足本标准"9.3分析和改进"的要求，不能实现知识产权管理体系通过持续改进以提高管理绩效的目的。

参考文献

[1] 四川九鼎智远知识产权运营有限公司.《企业知识产权管理规范》实施手册[M].北京：知识产权出版社，2016.
[2] 敖晓波.苏州恒久陷入"专利门"[J].中国发明与专利，2010（4）：16-17.
[3] 国家知识产权局办公室，知识产权新闻中心组织.知识产权案例读本.北京：知识产权出版社，2011：16.

（本章撰稿人：

4.1：张恒君

4.2：田恩涛

4.3：夏颖

4.4.1~4.4.3：李凌云、苏新

4.4.4~4.4.6：彭娟、马建秀

4.5.1~4.5.2：杨进军

4.5.3~4.5.5：赵婧

4.6：马建秀、胡宇）

5

知识产权管理体系实践

5.1 体系构建基本流程

构建知识产权管理体系，旨在使企业将本标准的要求融入企业日常的知识产权工作中，并通过体系的持续运行，使各项知识产权工作管理规范，起到防范知识产权风险、实现知识产权收益的目的。而如何构建知识产权管理体系，并使体系工作能够持续运行，是个值得深入探讨的问题。

体系构建的基本流程，行业内的做法大同小异，但目的均旨在将本标准的要求导入企业运营管理过程中，将国家标准转化为企业能够切实执行的内部标准，实现对标准的二次开发。

体系构建工作流程基本可以分为四个大的步骤，通过这四个步骤可以实现企业较好地建立符合实际情况的知识产权管理体系。

（1）诊断策划。即根据诊断的结果进行体系策划，包括诊断和策划两部分内容。诊断，即将企业原有的知识产权工作基础和管理基础，通过调研的方式了解清楚，再对照本标准的要求，对比发现其与本标准有差异的内容。在此过程中，对于高于本标准要求的内容，可进一步保持和优化；对于低于本标准要求甚至没有开展的工作，则结合本标准的要求和企业的实际情况，构建知识产权管理组织架构，建立相关工作规范，即为策划。

（2）文件编写。所谓文件编写，即结合诊断策划的结果，对照本标准要求，编制形成若干体系文件，用以全方位规范企业知识产权工作。体系文件一般包含方针、目标、手册、程序文件、记录文件等。

（3）实施运行。所谓实施运行，即在完成前期诊断策划和文件编写后，发布体系文件，组织员工对体系文件进行学习，并要求所有员工按照体系文件的要求开展知识产权工作。

（4）持续改进。所谓持续改进，即通过不断的内/外部审核、结果评价等方式，发现体系运行中的问题，并不断优化完善的过程。持续改进环节的两项工作内容分别为内部审核和管理评审。内部审核重点关注知识产权各项工作是否按照体系文件要求，规范知识产权活动，并实现知识产权方针目标的要求。而管理评审，则评价管理体系运行的有效性和适宜性，包括方针、目标的设置是否合理，知识产权工作开展的资源是否充分保障等。

综观上述四个步骤，与国家标准本身对知识产权工作的要求一样，最根本的思想即 PDCA 循环。诊断策划和文件编写属于策划（PLAN）环节的工作，诊断的目的是更好地策划，策划结果的表现形式即文件化的知识产权管理体系；实施运行属于实施（DO）环节的工作，即在企业业务环节（立项、研究开发、采购、生产、销售和售后）中获取、维护、运用和保护知识产权；持续改进则属于检查和改进两个环节的工作，通过内部审核和管理评审来监控和评审知识产权管理的效果，并根据检查的结果，有针对性地采取补救措施，确保体系运行的有效性和适宜性。国家标准本身采用了上述过程方法，而体系构建的基本流程也采用了上述过程方法。

5.2　实施要点

体系构建的基本流程初步分为了诊断策划、文件编写、实施运行和持续改进四个步骤。针对上述每一个基本流程又可以细分为更具体的工作，每项工作各有相关实施要点。

5.2.1　诊断策划

诊断策划作为体系构建实质性工作开展的第一步，开展的好坏决定了管理体系构建的成败，原因有二：

（1）我国在 2013 年发布实施了本标准，五年来，在国家和省、市、区各级主管部门的大力推动下，一批致力于提高知识产权管理水平的企业陆续进行了贯彻该标准的工作（下称贯标工作）。这些企业均属于行业中的佼佼者，在经营活动中具有丰富的管理经验。在知识产权工作方面，也根据企业发展阶段初步形成了一些工作机制。诊断策划即在企业已经形成的知识产权工作机制的基础上，对照标准要求，保留精华，去除糟粕。

（2）通过对企业现状的诊断调查，策划工作将更具有针对性，即发现企业运行中知识产权工作的薄弱点，针对该薄弱点进行具体化的分析并制定解决方案。

诊断策划包括以下两部分工作。

一是诊断前准备工作。

要想开展诊断策划工作，首先需要调动人员，包括最高管理者、可能成为管理者代表的人员、各部门负责人、知识产权工作和体系工作人员等。人员覆盖面非常广，这也是标准中"全员参与"原则的体现。对于绝大多数企业来讲，通常在诊断策划正式开展之前，会首先召开贯标工作启动会议，作为诊断策划工作环节的第一步。贯标工作中启动会议的核心目的就是召集相关人员，讲述开展企业贯标工作的意义。

启动会议需要做到以下四项工作，才属于实质上的召开。

（1）最高管理者参与。最高管理者参与是"领导重视"原则的直接体现，体系构建工作涉及部门广、人员多，对于绝大多数企业来讲，能调动这么多的人员参与贯标工作，非最高管理者莫属。最高管理者在启动会议上的关于开展贯标工作的要求动员讲话，将成为后续贯标工作在公司各部门有效推行的保障。

（2）成立贯标工作组。贯标工作非一朝一夕即可达成，因此，组建工作组可保障体系构建工作的持续性。工作组的成员至少要包含最高管理者、可能成为管理者代表的人员、各部门负责人、知识产权工作人员、管理体系工作人员。

1）最高管理者的人选。GB/T 19000—2008 的 3.2.7 介绍道："最高管理者：在最高层指挥和控制组织的一个人或一组人"。该术语指出最高管理者可由下列人员担任，包括但不限于首席执行官、总经理、主席、董事长、常务董事、执行董事、单一所有者、合伙人或者是类似于"知识产权工作小组"的一组人。为顺利开展贯标工作，需要由具体负责管理公司的管理层人员来担当最高管理者。

2）贯标工作开展之初，需要综合考虑管理者代表的人选，"可能成为管理者代表的人员"必须是"企业最高管理层"中的一员，这是本标准5.4.1条款的明确要求。该要求主要有两点考虑：其一，最高管理层中的一员，才能真正代表"最高管理者"履行相关工作职能，知晓公司发展的规划；其二，能调动公司相关部门的人员，必须在公司具有一定的地位和威望。在考虑上述要求的条件下，管理者代表一般可考虑从分管知识产权工作或者体系工作的相关领导中选取。对于少部分微型企业来说，最高管理者和管理者代表也可以由同一人担任，例如，人数只有十几人的公司，总经理既是最高管理者也是管理者代表，因为公司规模较小，公司的发展和管理均主要由总经理一人全面统筹把握。

各部门负责人的参与，对于体系构建工作起到支撑作用。标准中体现了对企业内部各部门的要求，如立项、研究开发、采购、生产、销售、人力资源、财务资源等。这些要求均需要各部门予以落实，部门负责人的参与度决定了上述工作在部门内部开展的顺利程度。

贯标工作组其他成员，包括企业内具体负责知识产权工作和（或）体系工作人员，最好是知识产权和体系工作人员均能参加。知识产权工作人员一般是企业内负责专利申请、商标注册或者科技项目的人员；体系工作人员一般是企业内负责管理体系工作，如质量管理体系等的人员。

（3）明确体系构建的进度。古语有云，"凡事预则立，不预则废"，为有计划地开展体系构建工作，企业应结合自身现状、发展需求以及地方知识产权主管部门的政策要求等，决定体系构建工作的总体周期及每项工作节点等内容。一般来说，从企业开展体系构建工作至通过第三方认证，需要8个月至2年的时间，这取决于企业的规模、行业特点、政策要求等条件。

（4）开展培训工作。贯标启动会参加人员覆盖面广，影响力大，因此可充分利用贯标启动会的契机开展知识产权管理体系的培训工作。启动会上的培训可以从"标准解读""知识产权基础知识"等基础性内容着手。通过培训，有助于如销售、采购、财务等接触知识产权工作较少的人员，进一步了解知识产权以及下一步工作的重点，从而促进其在部门内部体系构建工作的开展。

综上，启动会上四项工作的开展决定了诊断策划工作的有效性。诊断策划工作的开展，要依托于贯标工作组的成立和标准解读等相关培训的开展。诊断策划的具体开展又可细分为诊断和策划两项工作。诊断，可分为自我诊断和外部诊断。自我诊断，即企业内部相关人员根据本标准的要求，对照公司内部关于知识产权相关工作开展的现状，找出其中的差异化，开展自我诊断，需要企业内部有非常熟悉本标准的人员来开展。外部诊断，即由管理体系咨询人员或团队，通过与各部门的座谈、查阅文件、现场观察等方式，了解企业知识产权工作现状，与本标准对比后找出企业知识产权工作的不足。目前大多数企业采用外部诊断的方式完成体系策划工作。

二是诊断实施。

诊断工作的开展，首先要制定诊断工作计划，包括对诊断人员、诊断时间和地点、诊断问题、现有知识产权工作文件资料的准备等。在确定工作计划的基础上，由诊断人员深入相关部门开展座谈、查阅文件，就企业知识产权管理架构、相关部门工作及涉及知识产权工作的现状进行深入了解，并通过书面记录、录音、拍照等方式进行保存。

诊断人员通过对了解到的企业情况进行梳理，列出发现的若干问题和不足，对照标准要求，结合企业的实际情况和各部门工作的特点，针对性地制定下一步工作方案，如修改、制定文件、开展培训等，即为策划。策划工作的核心即针对企业现状，对照标准要求，制定符合企业实际的解决方案，在此过程中实现对企业知识产权管理的优化和提高。

策划工作包含知识产权工作管理架构、方针、目标及其他体系文件、针对性的培训等内容。

（1）关于知识产权管理架构，除了上述提及的最高管理者和管理者代表人选之外，还包括知识产权部门的设置和知识产权专兼职人员的选择。这其中包含了两个方面的问题：一是是否需设立独立的知识产权部门，设立独立知识产权部门的方式适用于在知识产权工作方面具有较好的基础且具有一定规模的企业。二是在现有部门的基础上，明确其知识产权职能，如某企业技术部原先负责专利申请相关工作，总经理办公室负责商标注册相关工作，在体系构建时，可将专利相关工作职能添加到技术部原有的工作职能中，商标相关工作职能添加到总经理办公室原有的工作职能中，加以明确。这种方式，适用于众多的中小微企业。

关于知识产权工作人员的选择和数量，主要取决于企业的知识产权工作量。一般来讲，企业开展知识产权管理体系贯标工作初期阶段，至少需要1名专职人员。此外，在企业的其他部门，最好配置1名兼职人员，用于对接相关知识产权工作。

（2）关于方针、目标的策划工作，具有决定性意义。本标准3.6条款将知识产权方针定义为"知识产权工作的宗旨和方向"，因此，在方针的策划时要充分考虑企业现阶段的知识产权工作基础和未来发展的规划。若企业知识产权保有量少，在方针中体现对创造的要求更适宜；若企业知识产权保有量多，在方针中体现对运用、保护的要求则更适宜。本标准5.3.2条款是对目标的要求，包括"形成文件且可考核"和"与知识产权方针保持一致，内容包括对持续改进的承诺"两项。"形成文件"不应简单理解为形成一个独立的文件，该文件可以是一个独立的文件，也可以与其他文件融合在一起。"可考核"也不应简单理解为可测量。不同于质量管理体系中关于目标的要求，知识产权管理体系目标的考核可包括定性和定量两种，定量考核如专利年申请量10件等，定性考核如知识产权预算费用满足企业知识产权工作的实际需要等。"与知识产权方针保持一致"要求目标的设置要围绕方针来进行，如在方针中体现对创造的要求，目标中就要更多关注知识产权数量的增加；如在方针中体现对运用、保护的要求，目标就要更多地关注知识产权资产和维权保护的内容。"对持续改进的承诺"则一定意义上要求目标要具有进阶性。一般来讲，企业知识产权目标的设置可分为长期目标、中期目标、年度目标和年度部门分解目标，也可以体现企业知识产权工作的持续改进的特点。

（3）除了方针、目标的策划工作外，其他体系文件，如知识产权手册、程序文件、记录文件等的策划，一般也是在梳理企业现有程序文件、记录文件的基础上，结合本标准对知识产权工作流程的要求，新增或修订相关文件。

（4）策划内容中关于培训的部分，应考虑企业所在行业、知识产权工作基础等要素。培训的目的是确保体系真正运行。一般来讲，关于标准要求和知识产权基础知识的培训是必不可少的。除此之外，关于如何开展知识产权检索分析、如何撰写技术交底书、知识产权风险监控和防范等内容也同等重要。此外，在体系文件编写完成之后，还应组织员工对体系文件进行学习。

一般来讲，策划结果最终都会通过文件的形式表现出来。如知识产权管理架构和部门职责，可形成岗位职责说明书；如关于知识产权申请的工作流程，可形成相关程序文件。但这并不意味着策划等于文件编写，实质上策划工作远大于文件编写的内容。

诊断策划的重要性显然不言而喻，真正做好诊断策划工作并不容易。这要结合 GB/T 29490—2013 标准的特点来分析。GB/T 29490—2013 标准首先是一个管理体系，具有管理体系的各相关要素，如过程方法、持续改进等；其次又是一个知识产权的管理体系，同样具有知识产权相关工作专业化的要素，如知识产权检索分析、风险分析和预案的制定等。因此，做诊断策划的工作人员既要熟悉知识产权，又要了解管理体系。大部分开展知识产权管理体系咨询的人员，来源于传统意义上的知识产权行业，如专利代理、法律服务等；少部分开展知识产权管理体系咨询的人员，来自其他管理体系的咨询人员，如质量管理体系咨询人员。若想很好地开展知识产权管理体系诊断策划工作需要将上述两类人员的知识相结合。

除了知识产权和管理体系两方面的知识外，做好诊断策划工作还需要了解其他相关知识：如法律法规相关的内容，本标准 5.3.3 条款是对法律相关工作的要求，且此条款要求形成程序文件（形成文件的程序），特别的是该程序文件的批准需要最高管理者决定，这不同于本标准的其他九处程序文件要求，可见本标准对法律法规的重视程度。事实上，如果不关注相关法律法规，可能给企业带来的后果就是违法，会受到相应处罚。

如《广告法》中涉及的知识产权内容，《广告法》第十二条有如下规定：广告中涉及专利产品或者专利方法的，应当标明专利号和专利种类。

未取得专利权的，不得在广告中谎称取得专利权。

禁止使用未授予专利权的专利申请和已经终止、撤销、无效的专利作广告。

国内某著名企业在 2016 年年初曾经被其所在地工商行政管理局罚款 3 万元，处罚的理由是该企业官网中宣传其产品中已申请了 46 项专利的"黑科技"等文字表述的内容，而该企业尚未取得专利证书，只有专利申请号，使用了未授予专利权的专利申请做广告。违法了《广告法》第十二条第三款"禁止使用未授予专利权的专利申请……作广告"的规定，构成了发布违法广告的违法行为。

由此可见，熟悉相关的法律法规，就能够在诊断策划中慧眼识别相关问题，从而预防后续知识产权风险的发生。

此外，开展诊断策划的人员还需了解企业日常的经营管理。知识产权管理体系贯标的最终结果体现在企业知识产权工作的日常管理，不了解经营管理的人员策划出来的管理工作，势必将受到严峻的考验。

综上所述，诊断策划工作在构建管理体系的环节上意义重大，体系工作开展的好坏与诊断策划的人员和结果关系密切。

5.2.2　文件编写

诊断策划完成之后，就要着手组织开展文件编写工作。正如前文所述，所谓文件编写，即结合诊断策划的结果，对照本标准的要求，编制形成若干体系文件，用以规范企业知识产权工作。体系文件一般包含方针、目标、手册、程序文件、记录文件等。

文件编写一般可分为三种方式。

（1）自上而下依序展开方式。按方针、目标、管理手册、程序文件、记录文件的顺序编写，该方式有利于上一层次文件与下一层次文件的衔接，但对文件编写人员的素质要求较高，文件编写所需时间较长，且需反复修改。

（2）自下而上的编写方式。按基础性文件、程序文件、管理手册的顺序编写，该方式适用于管理基础较好的组织，但如无总体设计方案指导易出现混乱。

（3）从程序文件开始，向两边扩展的编写方式。先编写程序文件，再开始手册和基础性文件的编写，实际是从分析活动、确定活动程序开始，将本标准的要求与组织实际紧密结合，可缩短文件编写时间。

以上三种方式各有特点，其特点要放到具体企业特定情况下考虑。

文件编写的步骤，一般可做如下划分。

第一步为任命文件编写小组成员，该编写小组可为诊断策划阶段所成立的贯标工作组，如此设置的好处在于贯标工作组的成员已开展过诊断策划工作，对于标准有了一定的理解。文件编写小组的成员可包含企业所聘请的咨询机构人员。对确定参加文件编写的人员进行培训，培训的内容可以包含国家标准解读和知识产权基础知识等内容。

第二步为制定文件编写计划，按计划分工编写。一般遵循两项原则，第一项为"统一组织、分工编写"，由于体系工作是整体化、系统化的工作，编制形成的管理体系文件要在整个公司实施运行，因此，关于文件的编写，必须统一组织，编写人员在统一组织下分工编写。第二项为"谁使用、谁编写"，即该文件未来由哪些部门、哪些人员使用，就由使用部门的人员进行编写，这将使编制出来的文件的可执行性大大加强。此外，依据诊断策划的结果，梳理出需要新增加或需要修改的体系文件清单。在此基础上，着手文件编写。

第三步为文件编写小组根据企业经营宗旨和发展要求编制或修订知识产权方针。方针是企业知识产权工作的宗旨和方向，这就意味着方针的设定要在企业现阶段的知识产权工作条件的基础上进行，因此，诊断策划对企业现阶段知识产权工作的调研结果，将对方针的制定提供重要参考。文件编写小组依据诊断策划的结果，草拟知识产权方针，并报送最高管理者审批，依据最高管理者的意见进一步修改，即完成一项符合本标准要求的方针制定工作。

第四步为目标的制定工作。根据知识产权方针和经营规划，制定目标。企业一般将目标设置为长期目标、中期目标、年度目标、年度部门分解目标等。目标的制定方式可以参考上述关于方针的制定，即由文件编写小组依据诊断结果，结合公司整体发展的规划，草拟形成目标，报送最高管理者审阅，并进一步修改完善，定稿后由最高管理者批准发布。

第五步为编制程序文件和记录文件。本标准中共有10处提到"编制形成文件的程序"。以本标准"7.1 获取"为例，所谓获取，即知识产权的获取，获取的知识产权类型取决于企业，如专利、商标、著作权等，各企业不尽相同，而不同类型的知识产权的获取又各有特点。以专利的获取为例，在编写专利获取的程序文件时，需要先了解企业现阶段的专利获取的工作流程，对照本标准要求进行丰富和完善，然后将完善的专利获取流程形成文件，从中提炼出涉及的相关部门的工作职责及领导审批权限等，而后按照程序文件的编制要求对其进行补充，从而形成专利获取的程序文件。一个规范的工作流程，必然伴随着相关的审批权限，而关于工作审批权限将最终体现在记录文件上。记录文件的内容至少包含事由、时间、人员、审批意见、处理结果等内容。因此，在编制程序文件的同时也形成了相关记录文件。通过程序文件工作流程中各部门的工作内容，提出各部门的职责并补充完善，并将其提炼到管理手册相应的条款中。

第六步为编制知识产权手册，知识产权手册的编制之所以安排在完成程序文件和记录文件之后，原因主要在于本标准 4.2.3 条款"编制知识产权手册并保持其有效性，具体内容包括：b）知识产权管理体系的程序文件或对程序文件的引用"的要求，也就是说知识产权手册中要么包括程序文件，要么包括对程序文件的引用。程序文件与知识产权编制的前后顺序从这个要求中不言自明，但这并非具有绝对性，如企业能够在诊断策划之初，从顶层设计上策划形成对手册、程序文件等的数量和内容的设置，也可先编制知识产权手册。知识产权手册的结构一般包含三部分内容，第一部分为通用性内容，即前言、手册颁布令、企业简介、方针、目标文件、管理者代表任命书、标准第 1~3 章要求的内容；第二部分为管理体系要素部门，即本标准第 4~9 章的相关内容。该部分内容为企业知识产权工作职责、实际控制要求的部分。该部分内容在编写的时候，需要包含以下要求：

（1）本条要开展的活动（总则）；

（2）各部门开展此项活动的职责（职责）；

（3）开展各项活动的原则要求（控制要求）；

（4）每项活动与其他活动的接口关系；

（5）查询途径，需引用的程序文件和记录文件（引用）。

手册第三部分内容为附录及相关引用文件，一般包括企业知识产权管理组织架构、职能权限分配文件、程序、制度和记录文件清单、法律法规清单等内容。

关于手册的编写工作，也需要充分考虑企业各部门职能、分工进行编写。如本标准"6.1人力资源管理"章节，适宜由公司负责人力资源的部门进行编写；如本标准8.1~8.2关于立项研发的章节，适宜由公司负责技术研发的部门进行编写。手册各部分按照相关分工编写完成后，由文件编写小组统一组织进行校稿和完善工作。

第七步对编制形成体系文件初稿组织广泛讨论，征求意见。尤其是涉及两个以上部门的程序文件时，需要两个以上部门共同组织讨论，关于程序文件中工作流程的规定达成一致意见后会签确认。

第八步为文件编写小组对整套文件的接口协调性、统一性进行审核、修改。所谓接口协调性，即两个不同的体系文件之间关于某项工作的前后逻辑关系是否清晰，是否有矛盾、重叠的内容等。经过对接口协调性的审核，实现整套文件的统一性。

第九步为经审批后发布实施。一般程序文件至少需要部门负责人、管理者代表的审批（本标准5.3.3条款"法律和其他要求"的程序文件需要由最高管理者签批），知识产权手册需要编制人员、管理者代表、最高管理者的签批。少部分记录文件需要部门内的签批。关于不同文件审批权限的确定，企业可自行决定，但不能低于标准的要求。

在体系文件编写完成之后，文件编写小组需要组织企业内各相关部门，对所涉及的体系文件进行培训学习，确保相关人员能够了解并遵守公司颁布的关于知识产权工作的新要求。

5.2.3 实施运行

体系的实施运行，是体系构建环节的试金石。顺利开展实施运行的前提是企业对各项活动建立了可执行的控制程序，依据控制程序的要求实施运行各业务活动，并形成记录。

5.2.4　持续改进

为了积极适应内外部环境的变化需求和体系的持续有效运行，企业需建立自我完善机制，即持续改进。持续改进是体系构建工作的最后一个阶段，企业应采取适当的方法设定适当的周期，对知识产权管理体系及其运行控制过程进行检查，将实际情况与规范所设定的目标进行对比，并及时纠正知识产权管理体系制定和实施过程中存在的问题与不足。审核和实施改进措施是保障和提升企业知识产权管理体系有效性的重要环节。持续改进的方式应根据企业的实际情况设定，包括但不限于内部审核、管理评审、外部审核和例行检查等。

5.2.4.1　内部审核

关于内部审核，国家出台了专门的审核指南进行规范和指导，即 GB/T 19011—2013《管理体系审核指南》。在此审核指南的基础上，从企业实际开展内部审核的角度来阐述其中的关键部分。

所谓内部审核，即由组织自己或以组织的名义进行的审核。用于管理评审和其他内部目的（如确认管理体系的有效性或获得用于改进管理体系的信息），可作为组织自我合格声明的基础。内部审核是指企业对知识产权管理体系制定及运行实施情况的检查结果开展的管理活动，主要目的在于通过对检查过程中收集的资料和信息进行分析，发现问题与不足，并锁定造成这些问题与不足的原因。因此，总体而言，内部审核工作将产生至少两个方面的效果，一是验证并判断企业知识产权管理体系的制定和运行实施的实际效果是否符合企业知识产权管理体系设定目标的要求；二是明确问题、不足及产生的原因，为改进计划的实施提供依据。简言之，内部审核，是企业在体系构建过程中用来自我检查体系建立的有效性和适宜性的问题。

内部审核工作开展的源头在于企业构建管理体系的过程中诊断策划阶段，这个阶段将会初步明确企业内部审核开展的频次、内部审核开展的时间、内审员等事项。一般来讲企业内部审核开展的频次为一年一次，企业本身对于管理体系工作要求严格的可能会一年两次。对于初次引入知识产权管理体系的企业来讲，其内部审核开展的时间一般安排在体系文件发布实施日期起算的三个月之后进行，这同时也满足提交认证机构认证申请的条件。关于内审员的培养，一般企业会在体系构建过程中，委派 1~2 名员工参加外部培训以获得相关技能，少部分企业请咨询机构代为培养。目前标准推行之处，各地主管部门频繁举办内审员培训班，企业可根据实际情况自行参加。企业内审员的数量，建议在 2 名以上，其原因在于审核指南中要求，内审员不能审核自己所在部门的工作，若要实行交叉审核，则内审员将在 2 名以上，且在企业内部不能隶属于同一个部门。企业在诊断策划按阶段至少确定好上述三个事项后，待体系实施运行 3 个月以上，即可着手开展内部审核工作。

（1）制定内部审核计划。制定内部审核计划是内部审核工作的第一步。内部审核计划中至少包含内部审核目的、审核范围、审核准则、审核组成员、会议安排、审核日程安排等信息。

内部审核目的一般至少包含三个方面：

第一是检查和评价公司的知识产权管理体系是否符合策划的要求，是否符合本标准的要求和适用法律法规的要求，验证对体系实施、保持和持续改进的有效性和充分性；

第二是检查知识产权方针和知识产权管理目标的贯彻落实情况，是否在各部门有效展开并得到实施；

第三是通过审核进一步验证知识产权管理体系文件的可操作性。

审核范围通常包括对实际位置、组织单元、活动和过程，以及审核所覆盖的时间的描述。

审核准则指的是用于审核证据进行比较的一组方针、程序或要求。一般来讲包含本标准、企业自行编制的知识产权管理体系文件（含方针、目标、手册、程序文件等）、相关法律法规要求三个方面。

审核组成员的考虑，除了要注意不能安排内审员审核自己所在部门的工作外，还要考虑到相应人员的审核能力，即是否能够按照审核计划的要求完成审核工作。其能力的考核范围包含对知识产权管理体系构建过程的了解、相关部门工作业务范围、管理体系审核的方式和要求等。

关于内部审核过程中的会议安排，一般包含四种类型的会议，分别是首次会议、末次会议、评审情况通报会议和审核组内部交流会议。首次会议是为了确认所有相关方（如受审核方、审核组）对审核计划的安排达成一致，介绍审核组成员，沟通确认所策划的审核活动能够实施等内容。末次会议至少应包含对审核发现和审核结论的沟通和确认。所谓评审情况通报会议，即在审核组完成内部沟通交流之后，将汇总的所有审核发现及其他相关情况，向公司管理层进行通报的行为，并听取企业管理层的建议。在整个内部审核过程中，审核组要适时召开内部交流会议，沟通审核过程中的情况和问题，如在审核组内部分成 2 个小组以上的情况下，对于不同小组发现的审核情况要及时告知审核组长，由审核组长统一协调安排，确保审核工作的充分性和有效性。

内部审核计划中最重要的部分就是审核日程安排，审核日常安排包含了审核时间、审核分组、审核所覆盖的部门及其对应的本标准条款等内容。一般来讲，为了实现交叉审核，审核组至少要分成两个小组以上，由不在同一个部门的人员担任。审核时间划分要考虑到每个部门涉及的知识产权工作职能，并以此为根据进行安排，如知识产权管理机构、研发部门等一般涉及较多的知识产权职能，其在审核时间安排上要比采购部、财务部等知识产权职能较少的部门多一些。审核日程安排上的关键点就在于部门及其对应的本标准条款的选择。如研发部，至少涉及的本标准条款为"8.1 立项""8.2 研究开发" 2 项内容。如何选择部门及对应条款，主要参考各部门的职能描述和依此制定的《职能分配表》。《职能分配表》包含了标准条款和各部门的对应关系。

（2）编制检查表。在完成内部审核计划的编制工作后，内审组成员根据各自的分工，编制内部审核检查表，检查表的内容一般包含企业基本信息、审核员信息、要素（国家标准条款）、检查事项及检查方式、客观记录等内容。所谓客观记录，是指审核过程中发现的审核证据，即与审核准则有关并能够证实的记录、事实陈述或其他信息。检查表的编制要点和难点就在于如何编制"检查事项及检查方式"。检查方式一般包括查阅文件、现场问答、观察、巡视等方式。而关于检查事项，指的是对于国家标准条款的内容，通过适当方式，获得相关的审核证据。如关于本标准"5.2 知识产权方针"，共细分为 6 个子条款，可以通过以下几个问题进行提问：

1）请您详细谈谈公司知识产权管理方针的内涵。

2）公司的总体经营方针和知识产权工作宗旨是什么？与知识产权管理方针是否相适应？有无矛盾的地方？

3）知识产权管理方针的内涵中是否包括了对满足顾客和法律法规的承诺，也包括了持续改进知识产权管理体系有效性的承诺？

4）公司通过什么方式宣传公司的知识产权管理方针，使全体员工都理解和熟悉公司的知识产权管理方针？

5）公司是否通过评审和修改知识产权管理方针，使其保持持续的适宜性？

通过这 5 个问题的问答，就可以验证运行情况是否符合标准的要求。

关于检查事项的拟定，一般可以参照企业编制的程序文件中关于工作流程及相关记录保存的表述，如本标准"6.4 信息资源""7.1 获取"等条款对应的程序文件；对于一些本标准本身不要求形成程序文件，而企业也没有编制程序文件的条款，就考虑参照知识产权手册中关于该条款的描述内容，如本标准"5.2 知识产权方针"。

（3）内部审核实施。在检查表编制完成之后，内审组按照内部审核计划的安排，即可着手开展内部审核实施工作，实施流程包含召开首次会议，依据检查表对各部门开展审核，内部审核组之间的沟通交流会，在完成各部门的审核之后，内部审核组将所有的审核发现汇总整理后，由内审组向企业的管理层（最高管理者、管理者代表等）进行评审情况通报，通报完整之后即可召开末次会议，介绍审核发现和审核结论。

（4）不符合项报告。内部审核末次会议召开完成以后，企业相关部门根据对其部门审核形成的审核发现，着手开展下一步的工作。审核发现一般分为两种，符合或者不符合。所谓符合，即企业知识产权工作运行的情况满足本标准的要求；反之，则为不符合。关于符合，一般在检查单中客观记录即可，而不符合，则要形成专门的不符合项报告。不符合项报告中包含审核基本信息、不符合事实描述、不符合条款等内容，在后续整改过程中，还需要描述不符合纠正情况，不符合原因分析、不符合纠正措施、不符合验证等内容。不符合纠正情况指的是为消除已发现的不符合所采取的措施，即针对不符合事实所开展的具体的整改情况；不符合纠正措施则指的是为消除已发现的不符合或其他不期望情况的因素所采取的措施。对比可发现，纠正为消除不符合本身，而纠正措施则指的是消除不符合发生的因素。

（5）内部审核报告。审核报告也可以在末次会议之前编制。一般来讲在完成不符合项整改及后续验证后，审核组着手编制形成内部审核报告。至少包括：审核目标；审核范围，尤其是应明确受审核的职能单元或过程；明确审核委托方；明确审核组和企业在审核中的参与人员；进行审核活动的日期和地点；审核准则；审核发现和相关证据；审核结论；关于对审核准则遵守程度的陈述。

在完成了审核报告的分发之后，一般内部审核工作就此结束。

5.2.4.2 管理评审

一般在构建体系的过程中，管理评审的开展安排在内部审核完成之后。按照本标准 5.5.2 条款 e）的要求，前期审核结果即内部审核结果，将作为管理评审输入的内容之一。

所谓管理评审，指的是为确定管理体系的实施达到规定目标的适宜性、充分性和有效性所进行的活动。内部审核与管理评审的差别在于，前者关注体系的实施和运行有无按照方针、目标及相关文件的要求执行；而后者则关注的是方针、目标及相关文件、资源配置的合理性，能否确保体系实施运行的顺利实现。因此，管理评审是由最高管理者组织、企业管理层及相关工作人员参与的一次评审活动。从参与人员来看，管理评审选择在每年年底或者年初的总结或计划会议上召开较为适宜，此时管理层一般都聚集在公司。管理评审召开时，管理层对于知识产权管理体系在企业运行一段时间后所形成的相关文件资料等进行综合评价，形成相应的评审结论。

（1）管理评审计划。管理评审工作的第一步，即制定管理评审计划。其中至少包含评审目的、管理评审时间、参与人员、评审相关文件资料准备等内容。

（2）准备评审输入资料。管理评审中非常重要的一项内容即评审输入资料的准备。本标准 5.5.2 条款要求了 5 项评审输入内容，分别是：知识产权方针、目标；企业经营目标、策略及新产品、新业务规划；企业知识产权基本情况及风险评估信息；技术、标准发展趋势；前期审核结果。

关于上述 5 项资料的准备，较适宜的方式是由企业内部的相关责任部门分别进行准备，切忌由单一的知识产权管理机构准备。

知识产权方针文件，关注方针的上传下达，有无得到全体员工的理解，以及方针能否满足企业下一阶段知识产权发展的要求；知识产权目标应包含体系实施运行一段时间后所形成的关于目标的考核内容，借此才能明确目标的合理性问题。方针和目标的输入资料一般由企业的知识产权管理机构或者目标考核机构（如负责绩效考核的人力资源）来进行准备。

覆盖企业经营目标、策略内容的文件一般在企业的年度经营发展规划中，该文件可以由公司管理层等进行准备；新产品、新业务规划将会涉及研发部门、营销部门等，相应的文件资料由所涉及的部门进行准备。

企业知识产权基本情况及风险评估信息的文件资料一般由企业知识产权管理机构负责准备，部分企业在其准备过程中还可能需要法务部门的配合。

技术、标准发展趋势等资料的准备一般由研发部门或者企业内部负责标准制定的部门来共同进行准备。

前期审核结果的资料，对于企业初建管理体系来说，前期审核结果即第一次内部审核结果，包含内部审核报告、内部审核不符合项及整改情况的证明资料等，该部分内容的准备工作可以由内部审核牵头部门进行。

（3）管理评审工作流程。在完成上述管理评审输入资料准备后，企业即可着手按照既定的管理评审计划的要求开展评审工作。评审工作一般按以下流程开展：

1）最高管理者（管理者代表）宣布或主持管理评审的开始；

2）管理者代表宣布管理评审工作的目的和内容；

3）管理层、市场营销部门、研发部门介绍公司经营目标、策略及新产品、新业务规划；

4）知识产权部门汇报本公司知识产权基本情况及风险评估信息；

5）研发部门汇报本行业技术、标准的发展趋势；

6）知识产权管理者代表汇报知识产权方针、目标的考核记录及执行情况；

7）管理者代表汇报公司上一次内部审核的结果和纠正的结果；

8）讨论决定方针、目标的适宜性和下一步的改进；

9）修改不合理的程序文件，配置相应的资源。

（4）管理评审报告。管理评审过程要进行相关记录，记录内容包含公司管理层对管理体系运行现状的意见或建议、最高管理者对下一步工作的要求等。这些内容将整理成为管理评审的输出内容，至少包含了对方针、目标的改进建议、对管理程序的改进建议以及下一步工作的资源配置等情况。

审核和改进作为一种管理理念、价值观，在企业知识产权管理体系的制定与运行、实施过程中是必不可少的关键要素。当企业能够在知识产权管理体系中坚持进行审核和改进时，其就能够有效增强自身知识产权管理体系对内外环境变化的快速反应能力，提高知识产权管理水平，从而为增强企业自身的竞争力做出贡献。

完成管理评审后，企业知识产权管理体系的构建基本上就已经完成了，接下来就可以通过提交第三方认证申请，由认证机构来帮助企业检查体系的有效性和适宜性，从而实现持续改进。

（本章撰稿人：王洪友）

6

《企业知识产权管理规范》实施与审核常见问题

随着市场经济的快速发展，企业知识产权的发展无论从内容还是运用方式上都日新月异，不少企业成立了知识产权管理部门，有了专职的知识产权管理人员，并不断丰富和完善知识产权管理内容和管理模式，积极参与实施知识产权管理体系认证审核工作。但在实施和认证审核过程中存在一些模糊认识，现具体解答这些问题，以期为企业在知识产权管理方面提供有益参考。

（1）什么是知识产权贯标？

答：知识产权贯标，对于企业来说就是贯彻国家标准《企业知识产权管理规范》。《企业知识产权管理规范》是由国家知识产权局和中国标准化研究院共同起草制定，经由国家标准化管理委员会批准颁布的国内首个企业知识产权管理国家标准，该标准于 2013 年 3 月 1 日起实施，标准号是 GB/T 29490—2013。

（2）知识产权贯标适用何企业？

答：该国家标准适用于有下列愿望的企业：①建立知识产权管理体系；②运行并持续改进知识产权管理体系；③寻求外部组织对其知识产权管理体系的评价。换一个角度讲，各级知识产权（专利）试点、示范、优势企业，高新技术企业，创新型企业等都有必要通过贯标建立和完善自身的知识产权管理体系。

（3）知识产权贯标给企业带来哪些好处？

答：①通过激励创造知识产权，促进企业技术创新；②通过灵活运用知识产权，改善企业市场竞争地位；③通过全面保护知识产权，支撑企业持续发展；④通过系统管理知识产权，提升企业核心竞争力。

（4）知识产权贯标及认证具体包括哪些流程？

答：贯标辅导服务流程包括了企业知识产权管理体系的建立与运行，一般为贯标启动→调查诊断→体系构建→文件编写→发文宣贯→实施运行→内部审核→管理评审。

认证阶段流程具体为认证申请→初审→签订合同→第一阶段审核→第二阶段审核（现场审核）→整改→认证决定（颁证）。

（5）提出申请知识产权管理体系认证需要什么条件？

答：企业提交申请需满足：①建立文件化的知识产权管理体系并实施运行 3 个月以上；②至少完成一次内部审核和管理评审。

（6）企业没有独立法人资格是否可以认证？

答：可以。但其上一级具有独立法人资格单位需要承担相应法律责任和义务。合同签订也需要与上一级具有独立法人资格单位签订。

（7）企业没有内审员资格是否可以认证？

答：可以。本标准并未对企业是否具有内审员资格证书及数量做明确要求，但内部审核工作是认证审核过程很重要的工作，一般每年至少要进行一次。因此内部审核的有效开展需要有懂本标准要求的人员参与。如果企业内部无法完成，建议可委托外部服务机构协助完成内部审核。

（8）对申请企业的专利、商标、版权等有数量要求吗？

答：没有。标准的着眼点在于知识产权的管理，风险控制及应对措施等。知识产权的概念是宽泛的，不仅包括专利，还包括商标、著作权、商业秘密等。

（9）知识产权管理体系认证现场审核指的是什么？

答：知识产权管理体系认证现场审核，指企业在知识产权管理体系运行 3 个月以上，并进行过内部审核及管理评审后，向认证机构递交认证申请、签订认证合同、缴纳与合同对应金额相关款项后，由认证机构派审核组到企业现场，对企业知识产权管理体系进行客观评价，以确定其满足本标准及其他审核准则要求的活动。

（10）企业接受审核前应做好哪些工作？

答：①与审核组沟通审核日程安排；②接收审核计划，向企业内部的体系覆盖部门负责人发放审核计划，提醒其注意首次会议、末次会议及所在部门的审核日期及时间；③根据审核计划中的审核员分组情况安排审核场所、向导、准备供审核员使用的体系文件；④体系覆盖部门负责人确认本部门应审人员及体系运行记录。

（11）认证机构能否给企业做咨询辅导？

答：根据认监委等相关机构的要求，认证机构不能给企业提供任何形式与认证相关的咨询辅导工作。

（12）获证后如何查询获证信息？

答：对于获证企业信息，可登录"全国认证认可信息公共服务平台"（网址：http：//cx. cnca. cn/CertECloud/index/index/page）进行查询。

（13）知识产权管理体系与其他体系的关系？

答：知识产权管理体系与质量管理体系、环境管理体系、职业健康安全管理体系、能源管理体系相比，虽然在管理对象和管理对象的基础都有较大差异，但在标准框架、基本原则和推进方法上具有较高的相似性，因此，可以总结、归纳和提炼各管理体系的一些基本规律和普适性经验，实现各管理体系的融合，建设一套完善的管理体系。

（本章撰稿人：张乃强）